대학생 소비자와 공유경제

서정희 지음

UUP

대학생 소비자와 공유경제

■

- 2020년 9월 16일 **초판 인쇄**
- 2020년 9월 23일 **초판 발행**
- **지은이** 서정희
- **펴낸이** 오연천
- **펴낸곳** UUP.(울산대학교출판부) 680-749 울산광역시 남구 대학로 93(무거동) 울산대학교 출판부
- 전화 (052)259-2488 팩스 (052)277-3011 ▪ **홈페이지** http://uup.ulsan.ac.kr
- **출판등록** 제370-1996-000001호(1996.3.13)
- ₩ 13,000

■

- 이 도서의 국립중앙도서관 출판예정도서목록(CIP)은 서지정보유통지원시스템 홈페이지(http://seoji.nl.go.kr)와 국가자료공동목록시스템(http://www.nl.go.kr/kolisnet) 에서 이용하실 수 있습니다.(CIP제어번호: CIP2015023475)

ISBN 978.89.7868.974.8 (93320)

머릿말

공유경제는 2010년대 초반 만해도 큰 주목을 받지 못했으나, 공유경제 스타트업이 크세 성장하면서 글로벌한 추세로 자리잡고 있다. 공유경제는 기존의 시장경제와 차별화된 새로운 경제 시스템으로 주목받으면서 국내 뿐 아니라 국제시장에서 다양한 산업분야가 융합할 수 있는 차세대 비즈니스 모델로 잠재적 효용가치가 크게 부각되고 있다. 기존의 경제시스템이 사적 소유를 강조하였으나, 공유경제는 상품의 사적 소유에서 벗어나 다수가 함께 공유하여 사용할 수 있는 공동체적 가치를 지향하고 만들어가는 소비문화이다. 공유경제가 지향하는 이러한 소비문화는 한정된 자원을 보다 효율적으로 사용하게 하고 환경친화적인 소비를 강조함으로써 사회공동체의 발전에 기여하고 자본에 덜 의존적인 사회를 만들어갈 수 있다. 생활에 필요한 대부분의 물건이나 공간을 사지 않고 빌려서 쓰면서 보다 적은 비용이 들게 되고, 자신이 가지고 있는 능력을 서로 공유함으로써 서비스를 구매하는데 드는 비용도 절감할 수 있다. 공유경제는 유휴자원을 이용하여 다양한 부가가치를 창출하고, 저렴한 비용으로 개인의 욕구실현을 가능하게 하는 긍정적인 사회적 순기능과 함께 기존의 노동시장인구가 감소되는 현상, 점차 열악해지는 환경에서의 새로운 노동 인구 발생 문제, 기존 산업군과의 대립과 혼란, 부동산 가격상승, 안전과 관련된 문제, 사회 결속력의 감소

등 예상치 못한 사회적 역기능도 동시에 나타나고 있다.

이 책은 공유경제에 많은 관심을 가지고 있는 대학생들을 조사대상으로 하여 공유경제에 관한 소비자행태와 관련 요인을 조사한 자료를 분석하였다. 공유경제의 특성을 집필한 4장을 제외한 모든 장은 관련연구를 고찰하여 정리한 후에 조사한 자료를 통계처리하여 분석함으로써 공유경제에 대한 대학생들의 소비자 행태를 보다 구체적으로 파악할 수 있다. 이 책은 2부로 구성되어 있다. 1부는 공유경제에 대한 소비자 행동에 영향을 미치는 요인을 다루었는데, 디지털문화자본, 사회적 연결감, SNS를 통한 관계지향성의 3개장으로 이루어졌다. 2부는 공유경제에 관한 소비자행태를 분석했는데, 공유경제의 특성, 공유경제의 혜택, 공유경제 문제, 공유경제 활동 참여의도, 공유경제 활성화를 위한 과제에 대한 요구의 5개장으로 이루어졌다.

이 책은 대학과 대학원에서 소비자학을 공부하는 학생이나 연구하는 학자들에게 중요한 지침서가 될 수 있다. 그리고 현장에서 공유경제에 관한 정책을 수립하는 정부와 지방자치단체의 담당자, 공유기업을 운영하거나 창업하려고 하는 사람들에게 중요한 참고서적이 될 수 있다.

마지막으로 이 책이 나오기까지 많은 도움을 준 울산대학교 출판부의 관계자들에게 감사를 드린다. 무엇보다 정년퇴직을 앞에 둔 마지막 학기에 이 책을 출간할 수 있어서 나에게 주는 작은 기념물이 되었다.

2020년 9월

서정희

목차

제 1 부

공유경제에 관한 소비자 행동에 영향을 미치는 요인

01 디지털문화자본

디지털문화자본은 공유경제에 대한 인식, 태도, 행동 등에 다양한 영향을 미칠 수 있다. 공유경제 활동이 대부분 인터넷을 기반으로 하여 이루어지고 있기 때문이다.

1. 디지털문화자본의 의의

1) 부르디외의 문화자본

부르디외는 문화자본을 다음과 같이 세 가지 유형으로 구분하였다(최영, 이정권, 2013).

① 객체화된 형태의 문화자본

객체화된 문화자본은 사회적 잠재력을 가능하게 하는 모든 능력과 기술을 의미한다. 예를 들면, 특정 커뮤니케이션 기제의 사용여부는 생활 습관이나 업무 능력에 영향을 미친다고 할 수 있다.

② 제도화된 형태의 문화자본

다양한 문화자본들이 실제로 작동하는 데 있어 언어는 매우 중요한 역할을 한다. 사람들은 언어를 통해 문화적 태도와 취향의 차이를 만들어 낼 수 있다. 개인의 차별화된 어휘, 태도, 표현능력 등과 같은 언어 능력의 소유는 중요한 권력으로 아동기 이후 제도적으로 교육받고 가족에게 물려받은 문화적 유산이다. 예를 들면 영국이나 영연방 국가에서는 사립학교 출신과 공립학교 출신이 사용하는 용어, 표현방식, 엑센트가 다르다. 외국어 소통능력은 글로벌 네트워크 시대에 다양하고 특별한 문화적 태도와 취향을 만들어 낼 수 있는 중요한 권력이 되었다. K-pop이 세계적으로 유행하면서 전 세계에서 한국어를 배우는 젊은이들이 늘고 있다.

③ 체화된 문화자본

어린 시절에 습득된 문화적 성향이나 취향은 오랫동안 지속된다는 점에서 안정적이고 잘 변하지 않는 특성을 가지고 있다. 특히 가족문화는 부르디외의 문화자본 논의에서 매우 중요한 역할을 한다. 가족은 개인의 문화적 아비투스[1)]가 구성되는 가

1) 부르디외의 개념인 아비투스는 사회화 과정을 거치는 동안에 개인이 획득하는 영구적인 하나의 성향체계이다. 그것은 또한 구조를 결정하는 구조로서, 다시 말해 의식적으로 목표를 겨냥하거나 목표에 도달하기 위해 필요한 조작을 명시적으로 통제하지 않고서도, 객관적으로 그 목표에 맞추어질 수 있는 실천과 표상들을 조직하고 발생시키는 원칙으로서 기능하도록 구조화된 구조들이다. 부르디외는 계급과 개인적인 인지, 선택, 행동 사이를 매개하는 이런 과정을 아비투스로 개념화한다. 개인들이 공통적인 방식으로 세계를 재현하고, 특별한 방식으로 분류, 선택, 평가, 행위 할 수 있게 하는 인지적이고 감정적인 가이드라인을 제공하기 때문에, 아비투스

장 중요한 장이다. 어려서부터 부모와 함께 한 시간 속에서 공식적인 지식의 습득보다 비공식적인 태도와 습관, 생각 및 취향이 형성되면 이러한 성향은 일생 동안 내재화된다. 그러므로 아비투스는 가족, 그룹, 계급적 현상이며 교훈의 형태로 가족에 의해 매개된다. 실제로 부모의 문화자본은 자식의 문화자본에 강력한 영향력을 미쳐서 오랫동안 지속되고 내재화시키는 중요한 기제이다.

인터넷이 문화적 사회화를 담당하고 문화자본의 축적과 형성의 장으로 등장하면서 인터넷은 문화적 불평등의 기제가 되고 있다. 인터넷에서 특정 문화취향을 공유하는 집단이 커지면서 소셜미디어가 동류선호 현상을 증폭시키는 매개 역할을 한다. 문화취향을 공유하는 사람들은 인터넷을 많이 이용할수록 인터넷 문화 활동으로부터 얻는 편익이 커진다. 이와는 달리 후발자인 소외계층은 선발자를 따라잡지 못하고 이미 다수가 된 선발자보다 기대편익 역시 감소하기 때문이다(이호영, 서우석, 2010).

2) 디지털 문화자본

전통적인 문화개념은 예술에 한정되었으나, 삶의 질 향상, 여가에 대한 관심 및 다양한 사회현상과 결합하면서 문화 자체만이 아니라 문화가 영향을 주는 공간, 환경 및 커뮤니케이션 생태계 등 다양한 분야로 현대적 문화개념은 확장되었다(심정훈, 2006). 특히 디지털 기술과 네트워크가 확장되면서 나타나는 문화의 컨버전스는 양방향성이 실현되는 디지털 문화로 새롭게 거듭나고 있다.

는 유사한 위치에 있는 사람들의 집합무의식(collective unconscious)이라고 할 수 있다(문학비평용어사전, 2006. 1. 30., 한국문학평론가협회).

IT는 정부와 기업, 학교와 가정, 노동과 여가 등 사회의 전 영역에서 아날로그 상태로 존재했던 거의 모든 텍스트 정보와 정보처리 과정을 디지털화함으로써 복제와 저장이 간편하고 이론상 질량과 부피가 없는 데이터를 양산하였다. 텍스트 뿐 아니라 음성, 영상 등의 아날로그 문화 콘텐츠를 디지털화하고 압축하는 기술이 발전하고 컴퓨터의 성능이 업그레이드되어 고화질 영상까지도 저장과 재생이 가능해지고 P2P(peer-to-peer) 기술을 통해 파일을 보다 쉽고 간편하게 공유하면서 문화콘텐츠가 급속하게 확산되고 있다(Healy, 2002).

물리적 장벽과 경제적 장벽 때문에 누리기가 어려웠던 수많은 상징재화가 디지털화되고 무한복제 및 전송이 가능해지면서 무상경제(gift economy)[2]의 틀 안으로 포섭되고 있다. 과거의 네트워크가 보다 단시간, 혹은 단거리로 재화나 서비스를 최종 목적지에 전달하는 데 효율적인 인프라로서의 성격을 가졌다면 디지털 시대의 네트워크는 넓게는 네트워크에 들어와 있는 불특정의 접속자, 좁게는 특정 커뮤니티의 회원들을 대상으로 동시에 전송과 수신이 가능하다.

온라인에서 무상경제가 확산되면서 오프라인에서 존재했던 문화적 불평등이 상당부분 해소되고 모든 사람이 평등하게 지식, 정보, 문화에 대한 접근권을 갖게 될 것이라고 예측하는 학자들도 있다. 그러나 이러한 낙관론자의 주장과는 달리 오프라인에서 그랬던 것처럼 온라인에서도 교육이나 문화체험을 통해

---

2) 무상경제란 상대방에게 직접적인 보상을 바라지 않은 채 상호적 이타주의에 대한 신뢰에 기초하여 무상으로 재화나 서비스를 공유하는 경제시스템이다(Lyle III and Sullivan, 2007).

더 많은 문화자본을 축적한 사람, SNS에서 유리한 위치에 있는 사람이 더 많은 편익을 얻을 가능성이 높다는 점에서 네트워크 효과는 네트워크에 들어와 있는 사용자 모두에게 균등하게 분배되지 않을 것이라는 예측도 제기되고 있다. 과거의 문화자본이나 사회자본의 축적이 현재 온라인의 문화를 이용하는 것에도 영향을 미치기 때문이다(이호영, 서우석, 2010). 특히 인터넷이 가지는 상호작용적 매체의 특성으로 인해 오프라인에서 유리한 지위에 있던 사람이 온라인에서도 훨씬 더 유리한 고지를 점하게 된다는 연구 결과도 있다(서우석·이호영, 2006).

이호영과 서우석(2010)은 오프라인에서의 불평등이 온라인에서도 지속되고 있으며 디지털화된 문화 영역에서도 빈익빈 부익부 현상이 일어날 가능성이 높다고 하였다. 디지털 빈익빈 부익부 현상은 인터넷이 가지는 네트워크 효과가 차별적으로 분배되기 때문에 일어나는 현상이다. 경제적 빈곤과 문화적 빈곤이 다시 정보 빈곤으로 이어지고 이것이 사회적 배제를 낳는 악순환이 일어날 수 있다. 예를 들어 소극적 여가층이나 사교적 여가층은 문화적으로 빈곤하며 인터넷 접속을 통해 얻을 수 있는 편익이 적다고 생각하는 의식이 문제가 될 수 있다. 문화적 박탈은 경제적 박탈과는 달리 박탈 의식 자체를 갖지 못하는 경우가 많기 때문이다. 오프라인에서 가지는 문화자본의 영향 때문에 적극적 여가추구형이나 지적 여가형은 인터넷의 효능감을 적극적으로 인지하고 있다고 말할 수 있다. 정보기기의 사용이나 특히 인터넷 사용은 단순한 TV 시청과는 다른, 관여도와 상호작용이 높은 행위이기 때문에 온라인에서 문화적 사회화나 문화자본의 축적도 적극적 여가추구형과 지적 여가층에서 더 빈번할 수 있다.

계급적 위신을 드러내 주는 지표가 고급문화에 대한 선호인가, 아니면 문화적 다양성인가를 두고 논란은 여전하지만 고도화된 정보사회에서 문화불평등 문제는 다차원적 성격을 갖게 되었다는 점은 분명하다. 적극적 수용자를 전제로 하는 뉴미디어의 커뮤니케이션 기술이 문화 빈곤층에게 장애가 되는 경제적 장벽과 사회적 장벽을 허문다 해도 이들이 기꺼이 문화를 더 나은 삶을 위한 필수 조건으로 여기지 않는다면 문화불평등은 해소될 수 없기 때문이다. 또한 문화빈곤층이 필요로 하는 정보자본도 새로운 장벽이 될 가능성이 있다. 정보화사회에서 문화발전은 지금보다 많은 사람이 인터넷을 비롯한 IT가 줄 수 있는 수많은 가능성을 체험할 수 있어야 하고 기꺼이 기여자가 될 수 있는 환경이 조성되어야 가능하다. 문화자본은 문화적 역량을 열망할 수 있는 능력이므로 인터넷이 문화적 능력을 배가해주고 문화적 다양성을 저절로 증진시켜 주는 것은 아니기 때문이다.

서우석과 이호영(2010)은 2007년 한국종합사회조사(Korea General Social Survey)에 포함된 문화 및 정보화 관련 자료를 이용하여 문화소비자들의 인터넷 활용이 문화소비 활동에 미치는 효과를 분석했다. 이를 통해 문화실천에서 온라인과 오프라인의 연결방식을 밝히고 인터넷에서 문화소비 관련 활동이 증가하면서 네트워크화된 문화소비자들이 주요 집단으로 등장하게 되는 배경을 분석했다. 연구결과를 보면 인터넷에서 문화자본의 축적과 관련하여 수행되는 행위가 문화소비 활동을 증진시킬 수 있었다. 문화소비자들 중에서 다운로드를 하고 다른 사람들의 공연후기와 비평 등을 검색하는 소비자들이 그렇지 않은 소비자들에 비해 더 많은 문화소비를 하고 있다. 연령과 교육수준이 문화소비활동에 미치는 영향의 상당한 정도가 인터넷 활동과 연관되어 있었다. 네트워크화된 문화소비자들의 속성에 대한 분석에서는 연령과 교육수준이 결정적 요인으로 작용했고, 비네트워크화된 문화소비자들에 비해 네트워크화된 문화소비자들이 외국문화를 더 적극적으로 수용했다. 절반 이상의 문화소비자들은 인터넷을 통해서 음악을 듣고, 영화 및 애니메이션을 더 많이 감상했으며 공연과 전시를 더 많이 관람했다.

인터넷과 사회 불평등의 관계에 대한 논의는 처음에는 디지털 정보격차에 대한 관심에서 이루어졌다. 정보격차가 중요한 관심을 끌었던 이유는 기존의 사회경제적 불평등이 디지털 기술의 도입으로 인해 확대재생산될 가능성을 의미하였기 때문이다(Willis & Tranter, 2002). 정보 기술의 채택에서 나타난 집단 간 차이가 앞으로 어떻게 변화될 수 있을 것인지에 대한 전망을 놓고 낙관론과 비관론이 대두되었다(Norris, 2001, 30~32). 낙관론은 신기술 도입기에 기술 채택의 집단간 속도 차이로 불평등이 발생하지만 점차 해소될 것이라는 전망을 제시했다. 그러나 비관론은 각 집단들이 기술 채택 속도의 차이와 함께 궤도의 차이를 보이면서 불평등이 지속될 것이라는 전망을 제시하였다.

인터넷 사용이 보편화된 오늘날에도 인터넷이 사회불평등에 미칠 영향에 대하여 낙관론과 비관론의 대립은 지속되고 있다. 정보기술의 사용에서 배제된 집단이 아직 남아있기도 하지만 인터넷 접속의 차원을 넘어서 인터넷 사용에서 나타나는 질적인 차이가 중요한 문제로 부각된 것이다. 낙관론적인 견해는 정보화가 자원의 접근에 대한 불평등을 축소시킴으로써 사회불평등의 해소에 기여할 수 있다고 주장한다. 정치적 민주화에 기여하고 정부 활동의 효율성을 증진시키며 사회적 약자들에게 효율적으로 자원에 접근할 수 있는 수단을 제공한다는 것이다(Negrophonte, 1995; Hammond, 2001). 비관론은 정보화에서 나타나는 정보불평등이 사회불평등의 구조화를 더욱 공고하게 만든다고 본다. 인터넷 기반의 네트워크 경제에서 정보 접근 및 활용의 상대적 이점이 반복재생산되고 확대됨으로써 우월한 지위를 선점한 집단의 상대적 우위가 확대된다는 마태효과[3]로 보는 인식이 비관론의 근저에 자리 잡고 있다(Castells, 2001; Van Dijk & Hacker, 2003; Chen & Wellman, 2005).

실제로는 낙관론과 비관론과 같은 극적인 변화보다 기존 사회체제의 자기 조절 및 관리 기제 방식이 점진적으로 변화한다는 변형론적 관점이 우세하다(Chen & Wellman, 2005). 정보화가 대체로 긍정적, 부정적 효과를 동시에 드러내면서 사회 전체적으로 그 효과가 상쇄되는 경향이 있기 때문이다(Borden & Harvey).이 이야기는 '빈익빈 부익부' 혹은 "이긴 자가 모조리 먹

---

3) 기독교 신약성서의 마태복음에는 다음과 같은 이야기가 실려 있다. 어느 나라의 국왕이 먼 길을 떠나기 전에 자신의 세 하인에게 은덩어리를 하나씩 주면서 "내가 없는 동안 이 돈으로 장사를 하고 내가 돌아오면 다시 나를 만나도록 하라."고 말했다. 국왕이 돌아오자 세 하인이 국왕에게 찾아갔다. 제일 첫 하인이 입을 열었다. "주인님, 저는 주인님이 주신 은 한 덩어리로 10덩어리를 벌었습니다." 그러자 국왕은 첫 번째 하인에게 10개 도시를 상으로 줬다. 이어서 두 번째 하인이 입을 열었다. "저는 주인님이 주신 은 덩어리 하나로 5덩어리를 벌었습니다." 국왕은 두 번째 하인에게 5개 도시를 상으로 줬다. 제일 마지막으로 세 번째 하인이 입을 열었다. "주인님, 저는 주인님이 주신 은 덩어리를 잃어버릴까 봐 두려워 지금까지 감춰두고 내놓지 않았습니다." 그러자 국왕은 세 번째 하인의 은덩어리를 첫 번째 하인에게 주라고 명령하면서 이렇게 말했다. "무릇 적은 것이면 그가 가지고 있는 것만이라도 빼앗아야 한다. 많은 것이라면 다다익선이니 그에게 더 줘야 한다."

는다."는 승자독식 현상을 가리키는데, 이를 또 다른 말로 '마태효과(Matthew Effect)'라 부른다. 마태효과라는 말은 미국의 유명한 사회학자인 로버트 머튼(Robert K. Merton)이 1960년대 말에 그의 저서 <과학사회학>에서 처음 언급했다(네이버 지식백과, 가진 자가 더 갖게 되는 이유 - 마태 효과 :시장의 흐름이 보이는 경제 법칙 101, 2011. 2. 28., 김민주).

김영욱(2018)은 온라인 맞춤형 광고를 통하여 현대 온라인 프로모션 사회에서 노동 착취가 얼마나 은밀하게 이루어지며, 어떤 식으로 상품화되어 자본가의 착취로 귀속되는지를 설명하였다. 새로운 인터넷 미디어 환경의 변화는 지불되지 않는 디지털 노동의 확장, 휴식과 노동의 혼재, 감시를 통한 착취의 일상화 등을 특징으로 하며, 이러한 논의는 사회적 공장, 비물질노동, 창의노동, 삶의 취약, 착취의 전지구적인 확장 논의와 그대로 연결된다(채석진, 2016; Dyer-Witheford, 1999; Fuchs, 2015). 인터넷 비즈니스는 미디어 환경을 본질으로 변화시킬 뿐만 아니라, 네크워크화된 개인화를 바탕으로 하는 이윤창출시스템을 통해 미디어 생태계를 프로모션에 가장 적합한 체제로 변화시킬 것이다(Dwyer, 2011). 따라서 이러한 상황을 벗어나기 위해서는 노동, 생산수단, 생산 상품 모두에서 일어나고 있는 소외를 자각하고, 공중들 스스로 온라인 시대 자신의 정체성을 재정립하는 것이 중요하다. 자신이 하고 있는 행위가 노동이고 착취의 대상임을 자각하지 못한다면 온라인 플랫폼 자본가의 알고리즘을 통한 착취를 벗어나기는 더욱 힘들어질 것이다.

부불 노동으로 비판받든 혹은 공동 생산으로 칭송되든, 디지털 네트워크 이용자들의 플랫폼 활동이 유투브, 구글, 페이스북

등을 포함한 많은 기업들에게 커다란 수익을 가져다주는 원천이 되고 있다. '좋아서 하는 일이 돈 받고 하는 일보다 더 나은 성과를 거두기도 한다.'는 상식적 관념을 넘어서서, '좋아서 한 일을 과연 돈으로 보상받으려 해서는 안 되는 것인가'라는 반문의 목소리가 커지고 있다.

미국의 인터넷 서비스 제공사 중의 하나인 아메리카 온라인(America Online, AOL)과 온라인 뉴스 사이트 허핑턴 포스트의 두 가지 법률 분쟁을 예로 들어 보자. 첫째, 에이오엘(AOL)은 수만 명의 부불 자원봉사자들에 대한 사이버 노동착취를 했다는 이유로 1996년 집단 소송을 당했는데, 7천 명 가량이 참가한 10여년의 분쟁 끝에 미국 연방법원은 회사가 1천5백만 달러를 내놓기로 한 양자 합의를 최종 승인하였다. 커뮤니티 리더(community leader) 혹은 원거리 직원(remote staffer)으로 불리며 에이오엘을 대신하여 대화방을 관장하고, 부적절한 게시글을 삭제하고, 문제 이용자들을 단속하는 작업을 수행한 온라인 자원봉사자들의 노동을 회사가 부당하게 착취했다는 사실이 인정된 것이다.

둘째, 2012년 3월 30일 뉴욕 지방 법원은 허핑턴 포스트의 블로거들이 2011년 4월 회사를 상대로 제기한 1억5백만 달러의 집단 소송을 기각하였다. 허핑턴 포스트가 2011년 2월 에이오엘에 3억1천5백만 달러에 매각되었다는 결정이 알려지자, 블로거들은 기업 가치의 적어도 3분의 1은 사이트에 기사를 무료로 게재한 수천 명의 블로거들이 만든 것이라고 주장하며 자신들의 부불 노동에 대한 보상을 요구했다. 법원은 누구도 블로거들로 하여금 허핑턴 포스트에 기사를 싣도록 강제하지 않았으며, 블로거들 스스로가 보상을 기대하지 않았다는 점을 인정했다는 이유로 허핑턴 포스트의 손을 들어 주었다. 콘텐츠를 생산한 사람들이 보상받아야 한다는 블로거들의 주장은 받아들여지지 않은 것이다.

커뮤니티 리더와 블로거들에 대한 이러한 상이한 법적 판단은 그들이 기업과 맺은 관계의 계약적 성격의 강도에 따른 것이지 기업의 가치 창출에 대한 그들의 기여 여부에 따른 것이라고 볼 수는 없다. 따라서 사이트 이용자들에 의해 창출된 가치의 정당한 분배 문제는 위의 법적 결정과는 별도로 여전히 사회적으로 유효한 이슈다. 허핑턴 포스트 소유주 Arianna Huffington은 "(연결하고, 자신의 열정을 공유하고, 자신의 견해가 널리 퍼지기를 원하는 사람들에 의한) 무료 콘텐츠는 페이스북, 트위터, 텀블러, 옐프, 포스퀘어, 트립어드바이저, 플리커, 유투브에서 나타나는 많은 부분의 원동력"(LATimes, 2011)이 되고 있으며, "블로거들은 자신의 생각과 관점을 가능한 한 많은 사람에게 알리기 위해 우리 플랫폼을 이용한다."(Guardian, 2011)는 논리로 자신을 정당화한다. 반면, 허핑턴 블로거들이 "애리어나 허핑턴 농장의 현대판 노예로 전락"(Guradian, 2011)하고 말았다고 주장한 소송 주도자 타니시는 "모든 개별 창작자들이 무료로 작업해야 한다고 주장하는 지구상의 모든 미디어 자산을 통해 퍼져나가는 암과도 같은 사고에 맞서 계속 싸울 것임을 천명하였다(이항우, 2015).

디지털 창의노동이란 문화화와 소비주의가 확장하며 노동질서의 유연성과 불안정성이 격화되고 신자유주의적인 이념이 지배적인 자본주의 사회에서, 자유 · 자율 · 자발을 추구하는 에토스와 문화적 창의성과 참여를 지향하는 실천들이 디지털 네트워크를 매개로 왕성하게 촉발, 발현, 교통되고, 이들이 정치·경제·문화 권력과 다양한 방식들로 접합 혹은 분절하는 노동 문화를 의미한다. 디지털 창의노동은 개인의 자유를 기치로 표방하는 신자유주의적인 이념 체제 안에 있으면서도 기업화된 디지털 자본주의 안에서 생성되기에 통치권력과 주체형성의 모순과 갈등으로부터 결코 자유로울 수 없다. 창의성과 열정, 자기 혁신과 성공적인 미래와 같은 긍정적 가치가 강조되는 동시에 이것을 실행하는 경제적 합리성과 자기 경영의 원리도 중시된다. 그 과정에 주체의 의지, 기업의 경영기술, 대중의 익명화된 권력, 사회적으로 팽배한 상상과 환영의 힘들이 개입하면서 자기 통치적인 주체가 형성된다. 이처럼 디지털 창의노동자는 창의성과 자유의 문화적 가치를 지향하고 디지털 네트워크의 참여성과 자발성의 가치를 추구하기 때문에 신자유주의적인 경제 체제에 타협적으로 접합되고 있다(김예란, 2015).

AI를 작동시키는 알고리즘 루프 속에는 이처럼 항상 인간이 일하고 있기 때문에 이들은 '루프 속의 인간(human in the loop)'이라고 불린다. 미국 내의 저소득층이나 영어를 구사할 수 있는 필리핀이나 인도와 같은 저개발국가 출신의 계약직 노동자들이 '루프 속의 인간'이다. 이런 일을 하는 사람들은 일반적인 긱 노동자들[4)]

4) 미국의 사회학자 래브넬(2020)은 일시적 주문형 일자리인 '긱 경제' 속에서 살아가는 노동자들을 세가지로 분류한다. 발빠르게 자신이 원하는 삶을 일궈나간 성공자, 지푸라기라도 잡겠다는 심정으로 일하는 분투자, 경제적 안정성을 더욱 강화하려는 중간자다. 긱 경제는 개 산책, 청소, 장보기, 운전 등 "사생활의 상품화" "사생활의 아웃소싱"뿐만 아니라 "불쾌한 일의 외주화"를 심화한다. 가난한 '분투자'들에게는 공유경제가 생존을 위한 최후의 수단이다. 일을 거절하기 힘든 가난한 사람들의 '위험노동'은 앱으로 간편하게 주문, 배달된다. 종업원이 아닌 독립계약자로서 "노동계의 2등 시민"인 이들은 모르는 사람이 부르는 낯선 곳에 가서, 생각지 못한 일을 하는 경우가 종종 있다.

처럼 애매한 지위 때문에 노동권 보장과 같은 법적인 보호를 받지 못하고 있다. 이들에겐 노동자들이 일반적으로 누리는 최저임금 제도의 보호도, 연금과 건강보험의 혜택도 없다. 또한 이들은 보통 비밀유지서약에 따라 일하기 때문에 자신이 하는 일을 가족, 친구, 언론 등 누구에게도 말하지 못한다. 반면 기업들은 적은 비용으로 수시로 교체가 가능한 인력을 사용할 수 있기 때문에 이들의 임금수준은 매우 낮다.

전 세계적으로 50만여명의 노동자들이 일하고 있는 AMT는 이런 크라우드 워크의 방식이 실제 노동자를 어떻게 이용하고 있는지 예증하고 있다. AMT의 크라우드 워커[5]는 시간당 평균 2달러를 받는다. 콘텐츠 조정에 종사하는 '루프 속 인간'은 낮은 임금과 함께 상당한 정신적 스트레스와 부담까지 있는 것으로 조사되었다. 특정 콘텐츠를 웹사이트에서 유지할 것인지 아니면 제거할 것인지를 결정하는 노동자들은 상당한 부담을 가졌다. 보통 이런 결정을 위한 내부 가이드라인이 존재하지만 이들이 경험하는 다종다양한 콘텐츠를 해석하는 데 충분한 기준이 되지 못하기 때문이다. 이들을 '루프 속 인간'이라기보다는 '루프 속의 프레카리아트(Precariat-in-the-Loop)'라고 부르는 것이 더 정확하다(하대청, 2018).

---

5) 니혼게이자이신문은 인터넷에서 일감을 구해 재택근무 등으로 일하는 클라우드 워커가 경제활동인구(6697만 명)의 5% 이상을 차지할 전망이라고 2017년에 보도했다. 2016년에 300만 명을 넘어선 클라우드 워커가 2017년에 400만 명, 2020년에 100만명을 넘을 것이라고 전망했다. 인터넷 구인업체 등에 연결된 인력이 가정에서 기업이 주는 일감을 처리한다. 기업으로선 비용 부담을 줄이고 새벽·심야시간에도 고객을 대응할 수 있다는 장점이 있다. 기업들의 일손 부족을 돕는 한편 결혼과 육아 등으로 경력이 단절된 여성의 재취업을 위한 근로 형태로 부각되고 있다(한국경제 2017년 6월 25일).

2. 대학생 소비자의 디지털문화자본

<표 1-1>에는 디지털문화자본의 구성요인을 알아보기 위하여 요인분석을 한 결과가 제시되어 있다. 모두 5개의 요인이 추출되었고, 5개 요인은 전체 분산의 74.294%를 설명해주고 5개 요인의 설명력의 차이는 크지 않은 것으로 나타났다. 16.895%로 설명력이 가장 큰 요인 1은 부모님의 컴퓨터 및 콘텐츠 향유 정도, 인터넷 서비스 이용 정도, 블로그나 SNS에 대한 관심 정도 등의 문항으로 구성되어 있어서 부모 디지털자본이라고 명명했다. 15.094%로 설명력이 두 번째로 큰 요인 2는 부모와 자신의 외국어 소통능력 정도로 구성되어 있어서 외국어능력자본이라고 명명했다. 14.751%로 설명력이 세 번째로 큰 요인 3은 디지털 상품 구입 정도와 노트북, 스마트폰 등 다양한 최신상품 보유 정도로 구성되어 있어서 디지털경제자본이라고 명명했다. 14.275%로 설명력이 네 번째로 큰 요인 4는 SNS의 이용이나 참여 관심 등의 문항으로 구성되어 있어서 SNS능력자본이라고 명명했다. 13.279%로 설명력이 가장 작은 요인 5는 인터넷 정보활용 능력 정도와 온라인에서 다른 사람의 입장을 이해하고 배려하는 정도로 구성되어 있어서 정보화능력자본이라고 명명했다. 문항수가 적음에도 불구하고 정보화능력자본을 제외한 모든 요인의 신뢰도는 매우 높게 나타났다.

〈표 1-1〉 디지털문화자본의 구성요인

문항	요인 1 부모 디지털 자본	요인 2 외국어 능력 자본	요인 3 디지털 경제 자본	요인 4 SNS 능력 자본	요인 5 정보화 능력 자본	공통성
1. 부모님의 컴퓨터 및 콘텐츠 향유 정도	.878	.154	.172	.045	.090	.733
2. 부모님의 컴퓨터 검색, 쇼핑 등 인터넷 서비스 이용 정도	.864	.213	.079	.076	.153	.707
3. 부모님의 블로그나 SNS에 대한 관심 정도	.710	.352	.054	.176	-.160	.772
4. 모친의 외국어 소통 능력 정도	.335	.822	.015	.095	-.130	.834
5. 부친의 외국어 소통 능력 정도	.310	.782	.001	.110	-.081	.827
6. 본인의 외국어 소통 능력 정도	.050	.720	.094	-.056	.451	.687
7. 디지털 상품 구입 정도	.005	.176	.849	.139	-.021	.727
8. 노트북, 스마트폰 등 다양한 최신상품 보유 정도	.057	-.044	.796	.016	.307	.814
9. 인터넷 사용료 등의 지출과 소비 정도	.281	-.056	.750	.242	-.057	.736
10. SNS의 이용 및 친숙 정도	.090	.007	.076	.831	.310	.738
11. 온라인 동호회나 SNS 등의 참여활동 정도	.107	.260	.234	.777	-.006	.801
12. SNS나 온라인 정보에 대한 관심 정도	.102	-.099	.132	.695	.476	.729
13. 인터넷 정보활용 능력 정도	-.080	-.003	.148	.193	.815	.751

14. 온라인에서 다른 사람의 입장을 이해하고 배려하는 정도	.126	.019	-.011	.203	.698	.546
아이겐값	2.265	2.113	2.065	1.998	1.859	
분산(%)	16.895	15.094	14.751	14.275	13.279	
전체분산(%)	16.895	31.989	46.740	61.015	74.294	
Cronbach's α	.837	.766	.766	.793	.570	.818

<표 1-2>에는 대학생 소비자의 디지털문화자본을 1점부터 7점을 주는 리커트척도로 측정한 수준이 제시되어 있다. 요인별로는 정보화능력자본이 4.95점으로 가장 높았고, SNS 능력 자본은 4.44점으로 두 번째로 높았고, 디지털경제자본은 4.23점으로 세 번째로 높았다. 이들 3개 요인은 모두 평균이 중간점수인 4점대이므로 중간 수준이라고 해석할 수 있다. 부모디지털자본은 3.72점으로 네 번째로 높았고, 외국어능력자본은 3.55점으로 가장 낮았다. 부모디지털자본과 외국어능력자본은 중간보다 아래 수준이라고 해석할 수 있다. 문항별로 보면 인터넷 정보활용 능력 정도가 5.16점으로 가장 높았고, 모친의 외국어 소통능력 정도가 3.16점으로 가장 낮았고, 부모님의 블로그나 SNS에 대한 관심 정도가 3.28점으로 두 번째로 낮았다.

〈표 1-2〉 대학생 소비자의 디지털문화자본의 수준

변수	문항	평균(SD)
부모 디지털 자본	1. 부모님의 컴퓨터 및 콘텐츠 향유 정도	3.98(1.36)
	2. 부모님의 컴퓨터 검색, 쇼핑 등 인터넷 서비스 이용 정도	3.91(1.45)
	3. 부모님의 블로그나 SNS에 대한 관심 정도	3.28(1.58)
	전체(7점 환산점수)	3.72(1.27)
외국어 능력 자본	4. 모친의 외국어 소통능력 정도	3.16(1.43)
	5. 부친의 외국어 소통능력 정도	3.39(1.54)
	6. 본인의 외국어 소통능력 정도	4.10(1.24)
	전체(7점 환산점수)	3.55(1.16)
디지털 경제 자본	7. 디지털 상품 구입 정도	3.97(1.33)
	8. 노트북, 스마트폰 등 다양한 최신상품 보유 정도	4.62(1.34)
	9. 인터넷 사용료 등의 지출과 소비 정도	4.10(1.23)
	전체(7점 환산점수)	4.23(1.07)
SNS 능력 자본	10. SNS의 이용 및 친숙 정도	4.62(1.49)
	11. 온라인 동호회나 SNS 등의 참여활동 정도	3.94(1.46)
	12. SNS나 온라인 정보에 대한 관심 정도	4.77(1.42)
	전체(7점 환산점수)	4.44(1.22)
정보화 능력 자본	13. 인터넷 정보활용 능력 정도	5.16(1.19)
	14. 온라인에서 다른 사람의 입장을 이해하고 배려하는 정도	4.75(1.26)
	전체(7점 환산점수)	4.95(1.02)

〈표 1-3〉 사회인구학적 변수에 따른 부모 디지털자본

변수	범주	빈도	평균	sd	DUNCAN
월평균 가계소득	400만원 미만	139	3.37	1.392	b
	400-600만원 미만	158	3.89	1.184	a
	600만원 이상	121	3.92	1.154	a
	F	8.566*			
월평균용돈	30만원 미만	72	3.77	1.315	
	30-40만원 미만	164	3.60	1.285	
	40만원 이상	182	3.82	1.239	
	F	1.401			
성별	남자	193	3.59	1.286	
	여자	226	3.84	1.250	
	T	2.005*			
아버지의 직업	사무전문직	157	3.88	1.227	a
	서비스판매직	84	3.55	1.338	b
	기능노무직	177	3.66	1.269	ab
	F	2.194*			

*p〈.05

<표 1-3>에는 사회인구학적 변수에 따라 부모의 디지털자본이 차이가 나는지를 분산분석한 결과가 제시되어 있다. 부모의 디지털자본은 월평균가계소득, 성별, 아버지의 직업에 따라서는 p<.05 수준에서 차이가 났으나, 월평균용돈에 따라서는 차이가 나지 않았다. 부모의 디지털자본은 월평균가계소득이 400만원 미만인 집단이 400-600만원 미만 집단과 600만원 이상 집단보다

낮았으나 400-600만원 미만 집단과 600만원 이상 집단 사이에는 차이가 없었다. 부모의 디지털자본은 남자대학생이 여자대학생보다 높았다. 부모의 디지털자본은 아버지의 직업이 사무전문직이 서비스판매직보다 높았으나, 사무전문직과 기능노무직, 서비스판매직과 기능노무직 사이에는 차이가 없었다. 이 책의 조사대상자가 울산에 거주하고 있는 사람으로 한정했는데, 우리나라 최대의 중화학공업단지인 울산의 기능직 노동자의 임금이 매우 높기 때문에 이러한 결과가 나왔다고 유추할 수 있다. <표 1-4>에 의하면 부모의 디지털자본은 일일 평균 인터넷 사용시간과 일주 평균 SNS 사용시간에 따라서는 차이가 나지 않았다.

〈표 1-4〉 인터넷과 SNS 사용시간에 따른 부모 디지털자본

변수	범주	빈도	평균	sd	DUNCAN
일일평균 인터넷 사용시간	2시간 미만	227	3.59	1.224	
	2-4시간 미만	94	3.89	1.305	
	4시간 이상	97	3.86	1.325	
	F	2.628			
일주평균 SNS 사용시간	1-3시간 미만	168	3.69	1.223	
	3-5시간 미만	92	3.63	1.341	
	5시간 이상	158	3.81	1.283	
	F	.698			

〈표 1-5〉 사회인구학적 변수에 따른 외국어 능력자본

변수	범주	빈도	평균	sd	DUNCAN
월평균 가계소득	400만원 미만	140	3.25	1.276	b
	400-600만원 미만	158	3.67	1.037	a
	600만원 이상	121	3.74	1.123	a
	F	7.270*			
월평균 용돈	30만원 미만	72	3.33	1.170	b
	30-40만원 미만	165	3.49	1.143	ab
	40만원 이상	182	3.70	1.166	a
	F	3.040*			
성별	남자	193	3.41	1.181	
	여자	226	3.66	1.138	
	T	2.234*			
부직업	사무전문직	157	3.89	1.073	a
	서비스판매직	85	3.27	1.289	b
	기능노무직	177	3.39	1.118	b
	F	11.126***			

*p〈.05 ***p〈.001

<표 1-5>에는 사회인구학적 변수에 따라 외국어능력자본이 차이가 나는지를 분산분석한 결과가 제시되어 있다. 외국어능력자본은 월평균가계소득, 월평균용돈, 성별에 따라서는 p<.05 수준에서, 아버지의 직업에 따라서는 p<.001 수준에서 차이가 났다. 외국어능력자본은 월평균가계소득이 400만원 미만인 집단이 400-600만원 미만 집단과 600만원 이상 집단보다 낮았으나, 400-600만원 미만 집단과 600만원 이상 집단 사이에는 차이가

없었다. 외국어능력자본은 월평균용돈이 30만원 미만인 집단이 40만원 이상인 집단보다 높았으나, 30만원 미만인 집단과 30-40만원 집단, 30-40만원 집단과 40만원 이상인 집단 사이에는 차이가 없었다. 외국어능력자본은 여자 대학생이 남자 대학생보다 높았다. 외국어능력자본은 아버지의 직업이 사무전문직이 서비스판매직과 기능노무직보다 높았으나, 서비스판매직과 기능노무직 사이에는 차이가 없었다. <표 1-6>에 의하면 외국어능력자본은 일일 평균 인터넷 사용시간과 일주 평균 SNS 사용시간에 따라서는 차이가 나지 않았다.

〈표 1-6〉 인터넷과 SNS 사용시간에 따른 외국어 능력자본

변수	범주	빈도	평균	sd	DUNCAN
일일평균 인터넷 사용시간	2시간 미만	228	3.44	1.179	
	2-4시간 미만	94	3.74	1.135	
	4시간 이상	97	3.62	1.138	
	F	2.433			
일주평균 SNS 사용시간	1-3시간 미만	169	3.49	1.097	
	3-5시간 미만	92	3.55	1.205	
	5시간 이상	158	3.61	1.211	
	F	.440			

〈표 1-7〉 사회인구학적 변수에 따른 디지털경제자본

변수	범주	빈도	평균	sd	DUNCAN
월평균 가계소득	400만원 미만	140	4.17	1.136	
	400-600만원 미만	158	4.30	1.002	
	600만원 이상	121	4.21	1.083	
	F	.551			
월평균 용돈	30만원 미만	72	4.04	1.199	b
	30-40만원 미만	165	4.14	1.058	ab
	40만원 이상	182	4.39	1.011	a
	F	3.768*			
성별	남자	193	4.14	4.30	
	여자	226	1.141	1.004	
	T	1.484			
아버지의 직업	사무전문직	157	4.22	1.067	
	서비스판매직	85	4.42	1.108	
	기능노무직	177	4.14	1.050	
	F	1.934			

*p〈.05

<표 1-7>에는 사회인구학적 변수에 따라 디지털경제자본이 차이가 나는지를 분산분석한 결과가 제시되어 있다. 디지털경제자본은 월평균용돈에 따라서는 $p<.05$ 수준에서 차이가 났으나, 월평균가계소득, 성별, 아버지의 직업에 따라서는 차이가 나지 않았다. 디지털경제자본은 월평균용돈이 40만원 이상인 집단이 30만원 미만인 집단보다 높았으나, 30만원 미만인 집단과 30-40만원 집단, 30-40만원 집단과 40만원 이상인 집단 사이에는 차이가 없었다.

<표 1-8>에 의하면 디지털경제자본은 일일 평균 인터넷 사용시간에 따라서는 $p<.05$ 수준에서 차이가 났으나, 일주 평균 SNS 사용시간에 따라서는 차이가 나지 않았다. 디지털경제자본은 일일 평균 인터넷 사용시간이 2시간 미만인 집단이 4시간 이상인 집단보다 높았으나, 2시간 미만인 집단과 2-4시간인 집단 사이와, 2-4시간인 집단과 4시간 이상인 집단 사이에는 차이가 없었다.

〈표 1–8〉 인터넷과 SNS 사용시간에 따른 디지털경제자본

변수	범주	빈도	평균	sd	DUNCAN
일일평균 인터넷 사용시간	2시간 미만	228	4.11	1.093	b
	2-4시간 미만	94	4.26	1.001	ab
	4시간 이상	97	4.49	1.044	a
	F	4.563*			
일주평균 SNS 사용시간	1-3시간 미만	169	4.28	1.008	
	3-5시간 미만	92	4.08	1.114	
	5시간 이상	158	4.25	1.109	
	F	1.087			

*p〈.05

〈표 1-9〉 사회인구학적 변수에 따른 SNS능력자본

변수	범주	빈도	평균	sd	DUNCAN
월평균 가계소득	400만원 미만	140	4.49	1.299	
	400-600만원 미만	158	4.37	1.130	
	600만원 이상	121	4.50	1.258	
	F	.517			
월평균 용돈	30만원 미만	72	4.44	1.301	
	30-40만원 미만	165	4.43	1.297	
	40만원 이상	182	4.45	1.128	
	F	.025			
성별	남자	193	4.31	1.265	
	여자	226	4.55	1.179	
	T	2.023*			
아버지의 직업	사무전문직	157	4.39	1.290	
	서비스판매직	85	4.65	1.094	
	기능노무직	177	4.38	1.219	
	F	1.664			

*p〈.05

<표 1-9>에는 사회인구학적 변수에 따라 SNS능력자본이 차이가 나는지를 분산분석한 결과가 제시되어 있다. SNS능력자본은 성별에 따라서는 p<.05 수준에서 차이가 났으나, 월평균가계소득, 월평균용돈, 아버지의 직업에 따라서는 차이가 나지 않았다. SNS능력자본은 여자 대학생이 남자 대학생보다 높았다. <표 1-10>에 의하면 SNS능력자본은 일주 평균 SNS 사용시간에 따라서는 p<.05 수준에서 차이가 났으나, 일일 평균 인터넷 사용시

간에 따라서는 차이가 나지 않았다. SNS능력자본은 일주 평균 SNS 사용시간이 1-3시간 미만인 집단이 5시간 이상인 집단보다 낮았으나, 3-5시간 미만인 집단과 5시간 이상인 집단 사이에는 차이가 없었다.

〈표 1-10〉 인터넷과 SNS 사용시간에 따른 SNS능력자본

변수	범주	빈도	평균	sd	DUNCAN
일일평균 인터넷 사용시간	2시간 미만	228	4.39	1.263	
	2-4시간 미만	94	4.40	1.187	
	4시간 이상	97	4.59	1.165	
	F	1.014			
일주평균 SNS 사용시간	1-3시간 미만	169	4.14	1.295	b
	3-5시간 미만	92	4.72	1.139	a
	5시간 이상	158	4.59	1.129	a
	F	9.093*			

*p<.05

〈표 1-11〉 사회인구학적 변수에 따른 정보화능력자본

변수	범주	빈도	평균	sd	DUNCAN
월평균 가계소득	400만원 미만	140	5.04	1.093	
	400-600만원 미만	158	4.85	.975	
	600만원 이상	121	5.00	1.002	
	F	1.413			
월평균 용돈	30만원 미만	72	5.10	1.150	
	30-40만원 미만	165	4.96	.932	
	40만원 이상	182	4.89	1.051	
	F	1.130			
성별	남자	193	4.88	1.099	
	여자	226	5.01	.954	
	T	1.301			
아버지의 직업	사무전문직	157	4.92	1.081	
	서비스판매직	85	4.95	1.006	
	기능노무직	177	4.97	.986	
	F	.102			

〈표 1-12〉 인터넷과 SNS 사용시간에 따른 정보화능력자본

변수	범주	빈도	평균	sd	DUNCAN
일일평균 인터넷 사용시간	2시간 미만	228	4.90	1.022	b
	2-4시간 미만	94	4.84	1.000	b
	4시간 이상	97	5.17	1.033	a
	F	3.067*			
일주평균 SNS 사용시간	1-3시간 미만	169	4.94	1.080	
	3-5시간 미만	92	5.06	.995	
	5시간 이상	158	4.90	.981	
	F	.753			

*p〈.05

<표 1-11>에 의하면 정보화능력자본은 사회인구학적 변수에 따라서는 차이가 나지 않았다. <표 1-12>에 의하면 정보화능력자본은 일일 평균 인터넷 사용시간에 따라서는 p<.05 수준에서 차이가 났으나, 일주 평균 SNS 사용시간에 따라서는 차이가 나지 않았다. 정보화능력자본은 일일 평균 인터넷 사용시간이 4시간 이상인 집단이 2시간 미만인 집단과 2-4시간 미만인 집단보다 높았으나, 2시간 미만인 집단과 2-4시간 미만인 집단 사이에는 차이가 없었다.

02 사회적 연결감

사회적 연결감은 개인이 사회에서 마주치는 타인 및 조직과 가깝게 연결되어 있다고 느끼는 정도를 의미하며 주로 소비자의 호의도, 만족감, 구매의도 등과 영향을 주고 받는 변수로 사용되는 개념이다. Baldwin(1994)은 사회적 연결감은 사람들 상호 간의 관계패턴에서 나타나는 인지적 관계구조로서 사람들 상호관계에서의 피드백에 의한 인지적이고 애정적인 관계로 정의하였다. Cornwell(2007)은 사회적 연결감은 개인의 사회적 네트워크에서 개인의 위치를 지배하거나 향상시키려는 사회적 행동으로 규정하면서, 개인과 사회 그리고 개인과 조직을 연결하는 관계역학의 문제라고 주장하였다. 이처럼 사회적 연결감은 사람들의 인지, 정서 및 상호작용 패턴에 영향을 미치며(Lee, 2001), 긍정적으로 형성된 사회적 연결감은 사회에 대한 애착심을 강화시켜 긍정적인 행동양식으로 표출될 가능성이 크다(유광길, 2017).

1. 선행연구

오은혜(2018)은 여가유형에 따라 사회적 연결감이 차이가 나는지, 사회적 연결감이 사회적 책임활동을 하는 기업이미지, 기업행동, 구매의도, 기업의 사회적 책임 활동과 사회 공익에 대한 인식에 영향을 주는지를 분석하였다. 다른 여가 참여집단보다 여가스포츠 참여집단의 사회적 연결감, 기업이미지, 기업행동, 구매의도, 기업의 사회적 책임 활동, 사회공익에 대한 인식이 더 높았고, 다른 여가 참여집단과 여가스포츠 참여집단의 사회적 연결감 모두 기업이미지, 기업행동, 구매의도, 기업의 사회적 책임 활동, 사회공익에 대한 인식에 정적 영향을 미쳤다.

권예지, 나은영, 박소라, 김은미, 이지영, 고예나(2015) 등은 Prensky (2001, 2004)가 주장한 디지털 원주민과 디지털 이주민 개념을 실증적으로 탐색하였다. 구체적으로, 두 집단 구분의 전제가 되는 온라인 콘텐츠 이용과 SNS 네트워크가 두 집단의 사회적 관계 인식에 어떠한 영향을 주는지를 분석하였다. 청소년 1108명과 성인 239명을 대상으로 미디어 기기 및 온라인 콘텐츠 이용과 SNS 네트워크의 특성을 살펴보고, 이것이 연결감, 고립감 및 소속감에 미치는 영향을 분석하였다. 연구 결과, 미디어 기기 이용, 온라인 콘텐츠 이용, SNS 네트워크 자체에서는 디지털 원주민과 디지털 이주민이 뚜렷하게 구분되지 않았다. 그러나 온라인 콘텐츠 이용과 SNS 네트워크가 사회적 관계 인식에 미치는 영향에서는 디지털 원주민과 디지털 이주민 간에 뚜렷한 차이가 있었다. 디지털 원주민인 청소년의 경우, 온라인 콘텐츠 이용과 SNS 네트워크가 그들 자신의 연결감, 고립감 및 소속감과 밀접하게 연관되어 있었다. 이 연구는 디지털 원주민론을 실증적으로 살펴보고, 미디어 이용을 사회적 관계 인식과 연계하여 다룸으로써 기존의 논의를 확장하였다.

김현철, 장현정, 이정착(2017)은 소비자생활협동조합의 사회적 책임 활동이 사회적 연결감과 유기농 식품의 구매의도 및 이미지에 미치는 영향력과 소비자의 생협 가입 유무의 조절효과를 검증하였다. 소비자생활협동조합의 사회적 책임 유형이 경제 · 윤리적 활동과 자선적 활동으로 도출되었고, 도출된 두 개의 사회적 책임 차원은 모두 사회적 연결감에 의미있는 영향을 미쳤다. 사회적 연결감은 소비자생활협동조합의 이미지와 구매의도에 긍정적인 영향을 미쳤으며, 소비자생활협동조합 이미지는 구매 의도에 의미있는 영향을 미쳤다. 또한 이 구조적 인과관계에서 조합원 여부의 조절효과는 사회적 연결감과 소비자생활협동조합 이미지의 관계에서 일부 채택되었다. 이 연구는 조합원과 비조합원의 인식 차이를 중심으로 기업의 사회적 책임 활동과 사회적 연결감에 대한 기존의 연구를 확장하였고, 공동체 의식에 기반을 둔 소비자생활협동조합의 마케팅 전략수립에 도움을 주었다.

이나영(2018)은 커피전문점을 이용하는 고객이 인식하는 지속가능경영이 사회적 연결감과 브랜드 충성도에 미치는 영향을 파악하고, 지속가능경영과 브랜드 충성도 관계에서 사회적 연결감이 매개역할을 하는지를 실증적으로 분석하였다. 커피전문점 이용 고객이 인식하는 지속가능경영은 브랜드 충성도에 양의 영향을 주는데, 지속가능경영의 속성별로 보면 경제적 책임 활동, 사회적 책임 활동, 환경적 책임 활동 순서로 브랜드 충성도에 더 높은 양의 영향을 미쳤다. 커피전문점의 지속가능경영에 대한 인식은 사회적 연결감에도 양의 영향을 미치는데, 사회적 책임 활동, 경제적 책임 활동, 환경적 책임 활동의 순서로 사회적 연결감에 양의 영향을 미쳤다. 사회적 연결감은 지속가능경영과 브랜드 충성도와의 관계에서 부분적인 매개역할을 하였다.

채인화와 최승원(2017)은 강화도 지역 노인의 신체적, 정신적 건강과 사회연결망 연결 정도가 관련성과 인과관계의 크기를 분석하여 노년기의 사회적 관계가 지역사회 노인의 건강을 예측할 수 있는지를 분석하였다. 연구대상은 강화도 A군에 거주하는 65세 이상 남녀 노인 643명으로, 2011년에서 2012년 까지 실시된 '한국인의 사회적 삶, 건강과 노화에 대한 조사(KSHAP; Korean Social Life, Health and Aging Project)' 1년차 자료를 사용하여 위계적 회귀분석을 실시하였다. 분석결과 첫째, 통제변수로 사용한 인구통계학적 변수 중에서 성별, 소득, 연령은 노인의 신체적 건강과 양의 상관관계를 보이는 것으로 나타났다. 남성이 여성보다, 소득이 높을수록, 연령이 낮을수록 신체적 건강이 더 좋은 것으로 나타났다. 둘째, 인구통계학적 변수 중에서 학력, 소득, 연령은 정신적 건강과 양의 상관관계를 보이는 것으로 나타났다. 학력이 높을수록, 소득이 높을수록, 연령이 낮을수록 정신적 건강이 더 좋은 것으로 나타났다. 셋째, 방향이 포함된 사회연결망에서 외향연결정도와 내향연결정도 모두 노인의 신체적, 정신적 건강을 예측하는 것으로 나타났다. 이 연구결과는 노인의 대인관계가 노인의 건강을 예측하는 데 있어 내가 교류한다고 생각하는 사람의 수(외향연결정도) 뿐만 아니라 나와 교류한다고 생각하는 사람의 수(내향연결정도)도 같이 고려할 필요가 있다는 점을 시사한다. 방향에 따른 연결정도의 두 지표가 신체적, 정신적으로 취약할 수 있는 고립된 개인들을 찾아내는 데 활용될 수 있다는 점에서 지역사회 노인의 건강 증진 및 복지 차원에서 의미가 있다.

최영, 강형미, 김지현(2018)은 사회적 교류의 대체재로서 SNS의 가능성과 문제점을 진단하였다. 대학생들의 SNS 이용, 오프라인 대인 관계 및 SNS 이용자 개인의 심리적 특성이 외로움에 어떠한 영향을 미치는지를 검증하였다. 구체적으로 SNS 이용, 오프라인 친구관계, 삶의 만족도, 나르시시즘, 자아존중감이 외로움에 미치는 영향을 구조방정식으로 분석하였다. 또한 SNS 이용 및 대인관계 등 독립변수와 종속변수인 외로움을 연결하는 매개변수로 온라인 사회적 연결감의 영향도 고려하였다. 분석결과 자아존중감이 높을수록 외로움의 정도는 낮아지고, 나르시시즘의 경향이 높을수록 외로움의 정도는 높아지고, 오프라인에서 친구가 많을수록 외로움의 정도는 낮아지는 것으로 나타났다. 오프라인에서의 대인관계는 온라인 사회적 연결감에 유의미한 영향을 미치고 있으나 온라인 사회적 연결감은 외로움의 감소에 영향을 미치지 못하는 것으로 나타났다. 그러나 SNS 이용은 외로움의 정도를 낮추는데 직접적이건, 간접적이건 영향을 주지 못하는 것으로 드러났다. 따라서 사회적 교류의 대체재로서의 SNS의 역할에 대한 논의는 보다 보수적인 접근을 요구한다.

서상희(2017)은 기업의 사회공헌활동에서 참여형 CSR 전략으로서 소셜미디어를 활용한 소셜 기부활동의 참여 의도에 영향을 미치는 요인들 간의 구조적 관계를 실증적으로 분석했다. 소셜 기부 콘텐츠 만족도와 CSR 진정성, 사회적 연결감은 CSR 신뢰성에 정적인 영향을 미치는 것으로 나타났다. 소셜 기부 평가

요인으로 설정한 콘텐츠 만족도와 CSR 진정성, 사회적 연결감은 모두 CSR 신뢰성을 매개로 소셜 기부 참여 의도에 정적 영향을 미치는 것으로 밝혀졌다. 이 중 콘텐츠 만족도의 경우, CSR 참여의도에 직접적으로 영향을 미치고 있는 것으로 나타났으나 CSR 진정성과 사회적 연결감은 CSR 참여의도에 직접적인 영향을 미치지 않았다. 소셜 기부에 대한 인식 요인들이 CSR 신뢰성에 미치는 영향을 분석하면, SNS친구 추천(권유)의 조절 효과는 통계적으로 의미가 없는 것으로 나타났다.

맹이섭과 권웅(2018)은 한인체전 참여가 지역사회애착과 사회적 연결감 형성에 미치는 영향을 분석하였다. 한인체전 참여경험 중 몰입과 지역의존성을 제외한 모든 관계에서 한인체전 참여는 지역사회애착과 사회적 연결감 형성에 정적인 영향을 미치는 것으로 나타나 한인체전의 참여가 재미한인들의 지역사회 적응과 한민족 동질감 형성에 긍정적인 영향을 미치는 것으로 볼 수 있다. 이러한 결과는 한인체전이라는 스포츠이벤트가 재미한인들에게는 모국에 대한 향수를 충분히 느끼게 해주는 동시에 지역사회 내에서는 한인들 간의 결속력을 강화시키고 동포애를 고취시켜주는 의미 있는 이벤트임을 반증하고 있다.

백성익, 염두승, 서진교(2019)는 노인체육참여자의 건강증진행위가 기대감정 및 사회적 연결감의 관계를 규명하였다. 2019년 현재 강원도 영동권(강릉, 동해, 삼척, 속초)에 거주하며 노인체육에 참여하고 있는 참여자를 대상으로 표본을 추출하였다. 노인체육참여자들의 건강증진행위와 기대감정의 관계를 분석한 결과 생활태도는 건강책임과 신체활동에, 사회적 성숙도에서는 신체활동과 영양에 각각 의미있는 영향을 미치는 것으로 나타났다. 노인체육참여자들의 건강증진행위와 사회적 연결감과의 관계를 분석한 결과 유대감은 신체활동과 대인관계에 영향을 미쳤고, 사회적 소속감은 대인관계, 건강책임, 신체활동, 영양에 의미있는 영향을 미치는 것으로 나타났다. 노인체육참여자들의 건강증진행위와 기대감정 및 사회적 연결감 사이에는 인과적 관계가 있는 것으로 나타났다.

정경희(2018)은 체육조직구성원의 사회적 책임활동, 사회적 연결감 및 지역사회애착도의 구조관계를 종합적으로 규명하였다. 실증분석 결과 체육조직구성원의 사회적 책임활동은 사회적 연결감에 통계적으로 의미있는 영향을 미치는 것으로 나타났다. 체육조직구성원의 사회적 책임활동은 지역사회애착도에 통계적으로 의미있는 영향을 미치는 것으로 나타났다. 체육조직구성원의 사회적 연결감은 지역사회애착도에 통계적으로 의미있는 영향을 미치는 것으로 나타났다.

유광길(2017)은 생활체육 참가자의 생활체육대회 참가체험, 사회적 연결감, 지역사회 애착도 및 참가 후 행동의 구조관계를 종합적으로 분석하였다. 실증분석 결과 첫째, 생활체육대회 참가자의 참가체험은 사회적 연결감에 긍정적인 영향을 미치는 것으로 나타났다. 둘째, 생활체육대회 참가자의 사회적 연결감은 지역사회 애착도에 긍정적인 영향을 미치는 것으로 나타났다. 셋째, 생활체육대회 참가자의 사회적 연결감은 참가자의 참가 후 행동에 긍정적인 영향을 미치는 것으로 나타났다. 넷째, 생활체육대회 참가자의 지역사회 애착도는 참가자의 참가 후 행동에 긍정적인 영향을 미치는 것으로 나타났다.

이동혁, 이정희, 황성혁(2015)는 사회적 연결감은 정포충성도에 양의 영향을 미치는데, 사회적 연결감의 경로계수가 점포만족도의 경로계수보다 크다고 하였다. 그러므로 소비생활협동조합은 조합원들간의 유대관계를 지속적으로 키우려는 노력을 해야 한다. 특히 젊은 조합원의 소통과 참여를 독려하기 위하여 온라인 커뮤니티를 활성화해야 한다.

임지은과 유은아(2016)은 광고모델의 행동 유형에 따른 소비자 반응과 소비자 반응에 영향을 미치는 개인 특성 변수를 살펴보았다. 연구 결과에 따르면 광고 모델의 긍정적 행동은 광고 모델 및 브랜드 태도에 긍정적인 영향을 미쳤으나, 광고 모델의 부정적 행동은 광고 모델 및 브랜드 태도에 부정적인 영향을 미쳤다. 이러한 광고 모델의 행동에 대한 소비자 반응이 개인 특성에 따라 다르게 나타나는가를 살펴보기 위하여 사회적 연결감과 자기 감시성이 광고 모델의 행동 유형에 따른 소비자 반응에 미치는 영향을 분석하였다. 사회적 연결감과 자기 감시성은 광고 모델의 행동 유형에 따른 효과에 영향을 미치는 것으로 나타났다. 즉, 사회적 연결감이 높은 소비자일수록 광고 모델의 긍정적 행동에 더 긍정적으로 반응하는 반면, 부정적 행동에는 더 부정적으로 평가하는 것으로 나타났다. 자기 감시성도 마찬가지로 광고 모델의 행동과 광고 모델 태도, 브랜드 태도의 관계에 있어 조절 효과를 나타냈다.

2. 대학생 소비자의 사회적 연결감

〈표 2-1〉 사회적 연결감의 수준

문항	평균(SD)
1. 나는 내 문제를 해결할 때 도움을 줄 것이라고 신뢰할 수 있는 사람들이 여러 명 있다.	5.10(1.17)
2. 나는 매우 중요한 결정을 내릴 때 조언을 구할 수 있는 사람이 있다.	5.30(1.18)
3. 나는 외로울 때 대화를 나눌 수 있는 사람이 여러 명 있다.	5.33(1.20)
4. 내가 만약 50만 원가량이 급하게 필요하다면 부탁할 수 있는 사람이 여러 명 있다.	4.66(1.34)
5. 내 주위 사람들은 나를 위하여 자신들의 평판에 불이익이 오더라도 감수할 수 있을 것이다.	4.68(1.23)
6. 내 주위 사람들은 내가 취직할 때 좋은 추천인이 되어 줄 것이다.	5.01(1.18)
7. 내 주위 사람들은 마지막 빵 한 조각이라도 나와 나눌 수 있을 것이다.	5.06(1.23)
8. 내가 부당한 일을 당할 경우 나를 위하여 맞서 싸워줄 사람이 있다.	5.15(1.23)
전체(7점 환산 점수)	5.04(.93)
Cronbach's α	.895

<표 2-1>에는 대학생 소비자의 사회적 연결감을 1점부터 7점을 주는 리커트척도로 측정한 결과가 제시되어 있다. Cronbach's α값으로 측정한 신뢰도계수는 .895로 매우 높게 나타났다. 문항별로 살펴보면 "내가 만약 50만 원가량이 급하게 필요하다면 부탁할 수 있는 사람이 여러 명 있다."가 중간점수대인 4.66점으로 가장 낮았고, "내

주위 사람들은 나를 위하여 자신들의 평판에 불이익이 오더라도 감수할 수 있을 것이다."가 중간점수대인 4.68점으로 두 번째로 낮았다. 나머지 문항들은 모두 중간보다 한 단계 위인 5점대로 나타났다. "나는 외로울 때 대화를 나눌 수 있는 사람이 여러 명 있다."가 5.33점으로 가장 높았고, "나는 매우 중요한 결정을 내릴 때 조언을 구할 수 있는 사람이 있다."가 5.30점으로 두 번째로 높았다.

〈표 2-2〉 사회인구학적 변수에 따른 사회적 연결감

변수	범주	빈도	평균	sd	DUNKAN
월평균 가계소득	400만원 미만	140	4.96	.883	b
	400-600만원 미만	156	4.93	.900	b
	600만원 이상	121	5.26	.991	a
	F	5.192*			
월평균용돈	30만원 미만	72	4.79	1.000	b
	30-40만원 미만	163	5.16	.895	a
	40만원 이상	182	5.02	.920	ab
	F	3.983*			
성별	남자	193	5.01	.858	
	여자	226	5.05	1.012	
	T	0.091			
아버지 직업	사무전문직	156	5.02	.927	ab
	서비스판매직	84	5.24	.977	a
	기능노무직	177	4.95	.903	b
	F	2.836*			

*p〈.05

<표 2-2>에는 사회인구학적 변수에 따라 사회적 연결감이 차이가 나는지를 분산분석한 결과가 제시되어 있다. 사회적 연결감은

월평균가계소득, 월평균용돈, 아버지의 직업에 따라서는 p<.05 수준에서 차이가 났으나, 성별에 따라서는 차이가 나지 않았다. 사회적 연결감은 월평균가계소득이 600만원 이상인 집단이 400만원 미만인 집단과 400-600만원 미만인 집단보다는 높았으나, 400만원 미만인 집단과 400-600만원 미만인 집단 사이에는 차이가 없었다. 사회적 연결감은 월평균용돈이 40만원 이상인 집단이 30만원 미만인 집단보다 높았으나, 30만원 미만인 집단과 30-40만원 집단, 30-40만원 집단과 40만원 이상인 집단 사이에는 차이가 없었다. 사회적 연결감은 아버지의 직업이 서비스 판매직이 기능노무직보다 높았으나 사무전문직과 서비스 판매직, 사무전문직과 기능노무직 사이에는 차이가 없었다.

〈표 2-3〉 인터넷과 SNS 사용시간에 따른 사회적 연결감

변수	범주	빈도	평균	sd	DUNKAN
일일평균 인터넷 사용시간	2시간 미만	227	5.11	.907	
	2-4시간 미만	94	4.87	.946	
	4시간 이상	96	4.99	.958	
	F	2.432			
일주평균 SNS 사용시간	1-3시간 미만	168	4.86	.916	b
	3-5시간 미만	91	5.01	.867	b
	5시간 이상	158	5.24	.947	a
	F	7.160*			

<표 2-3>에 의하면 사회적 연결감은 일주 평균 SNS 사용시간에 따라서는 p<.05 수준에서 차이가 났으나, 일일 평균 인터넷 사용시간에 따라서는 차이가 나지 않았다. 사회적 연결감은 일

주 평균 SNS 사용시간이 5시간 이상인 집단이 1-3시간 미만 집단과 3-5시간 미만 집단보다 높았으나, 1-3시간 미만 집단과 3-5시간 미만 집단 사이에는 차이가 없었다.

03 SNS를 통한 관계지향성

1. 관련연구

조태룡(2014)는 프로스포츠구단의 SNS 관계지향활동이 관계가치, 관계몰입 및 관계만족에 미치는 영향을 분석했다. 프로스포츠구단 SNS 관계지향활동의 하위요인이 관계가치에 미치는 영향을 분석한 결과 조직지식의 보급, 상호작용의 수단, 조직의 공헌인지는 관계가치에 정적인 영향을 미쳤으나, 핵심서비스 성과는 관계가치에 영향을 미치지 않았다. 관계가치는 관계몰입과 관계만족에 긍정적인 영향을 미쳤고, 관계몰입은 관계만족에 정적인 영향을 미치지 않았다.

김운숙(2014)는 프로스포츠구단의 SNS 관계지향활동이 관계몰입, 이용만족 및 지속적 이용의도에 미치는 영향을 분석했다. SNS 관계지향활동의 핵심서비스성과와 조직의 공헌인지는 지속적 몰입과 감성적 몰입에 영향을 미쳤으나, 조직지식의 보급과 상호작용의 수단제공은 지속적 몰입과 감성적 몰입에 영향을 미치지 않았다. 관계몰입은 이용만족과 지속적 이용의도에 영향을 미쳤고, 이용만족은 지속적 이용의도에 영향을 미쳤다.

전기제, 전찬수, 김나래, 신승호, 문병량(2015)는 검도수련생간의 상호관계구축 방안을 제시하고, 관계구축이 지속적인 고객유지에 미치는 영향을 분석했다. SNS 이용자 간의 상호작용성 요인 중 유대감, 참여 및 공유는 관계의 질에 의미있는 영향을 미쳤으며, 반응성은 영향을 미치지 않았다. SNS 이용자 간의 상호작용성은 장기적 관계지향성에 영향을 미치지 않았다. 관계의 질 요인 중 신뢰와 몰입은 장기적 관계지향성에 영향을 미쳤으며, 만족은 재등록의도에만 영향을 미쳤고 구전의도에는 영향을 미치지 않았다.

주현식(2013)은 SNS서비스에 의한 관계지향활동을 조직지식 보급, 상호작용수단 제공, 핵심서비스 성과, 조직공헌 인지로 분류하여 이들 하위요인들이 SNS서비스 이용자들의 관계가치와 관계몰입에 미치는 영향과 관계가치가 관계몰입에 미치는 영향, 관계가치와 관계몰입이 애호도에 미치는 영향을 파악하고 이들 요인들 간의 구조적 관계를 분석했다. 관계지향활동의 조직지식 보급, 상호작용수단 제공은 관계가치와 관계몰입에 영향을 미쳤고, 핵심서비스 성과는 관계가치에는 영향을 미쳤으나 관계몰입에는 영향을 미치지 않았다. 조직공헌 인지는 관계가치에는 영향을 미치지 않았으나 관계몰입에는 영향을 미쳤다. 관계가치는 관계몰입에 영향을 미쳤고, 관계가치와 관계몰입은 애호도에 영향을 미쳤다.

김호준과 변정우(2019)는 소셜커머스의 서비스 특성인 경제성, 정보의 다양성, 이용편의성, 안정성과 같은 서비스 특성이

고객관계혜택 및 관계지향성에 미치는 영향을 분석했다. 정보의 다양성을 제외한 경제성, 이용편의성, 안정성과 같은 서비스 특성이 관계혜택 즉 서비스 만족 및 신뢰에 통계적으로 의미있는 양의 영향을 미쳤다. 서비스만족과 신뢰는 관계지향성에 양의 영향을 미쳤다.

이은진과 석효정(2017)은 SNS 이용자의 개인주의-집단주의 성향과 사회적 자본이 참여활동에 미치는 영향과 참여활동이 패션브랜드 관계지향성에 미치는 영향을 분석하고, SNS 참여수준에 따른 참여활동과 패션브랜드 관계지향성의 차이를 분석하였다. 개인주의-집단주의 성향을은 수직-수평 개인주의와 수직-수평 집단주의로 구분했고, 사회적 자본을 신뢰, 규범, 네트워크로 구분했으며, 참여활동은 인적교류, 소비자권익, 정보추구, 흥미추구, 경제추구로 분류했다. SNS 이용자의 수직 개인주의는 정보추구와 경제추구에, 수평 개인주의는 인적 교류, 소비자권익, 정보추구에, 그리고 수직 집단주의는 인적 교류, 소비자권익, 흥미추구에 정적인 영향을 미치고 있었다. 수평 집단주의는 정보추구에 정적인 영향을 미치는 것으로 나타났으나, 소비자권익에는 부적인 영향을 미치는 것으로 나타났다. 참여활동의 소비자권익, 정보추구, 흥미추구, 경제추구는 패션브랜드 관계지향성에 정적인 영향을 주고 있었으며, 참여수준이 높은 집단이 낮은 집단에 비해 SNS에서의 참여활동과 패션브랜드 관계지향성이 더 높게 나타났다.

장은정과 이은진(2017)은 아웃도어 시장의 여성소비자를 대상으로 하여 소비가치, 관계품질 및 장기관계지향성을 분석했다. 아웃도어 여성소비자의 기능적, 감정적, 인지적, 상황적, 사회적 가치는 만족에 정적인 영향을 미쳤고, 감정적, 인지적, 상황적, 사회적 가치는 몰입에, 기능적, 감정적 가치는 신뢰에 정적인 영향을 미쳤다. 아웃도어 여성소비자의 소비가치와 브랜드에 대한 만족, 몰입 및 신뢰는 장기관계지향성에 정적인 영향을 미쳤다.

권리안과 차수정(2018)은 SNS 프로슈머 마케팅을 활용한 무용공연의 관람만족, 관계의 질, 장기적 관계지향성 간의 구조적 관계를 검증하여 무용공연의 관람만족이 장기적 관계지향성에 미치는 영향을 실증적으로 검증하고, 이들 인과관계에 있어서 관계의 질 요인의 매개효과를 검증하였다. SNS 프로슈머 마케팅을 활용한 무용공연의 관람만족과 관계의 질 및 장기적 관계지향성 간에는 유의한 정적 상관관계와 인과관계가 있는 것으로 나타났다. SNS 프로슈머 마케팅을 활용한 무용공연의 관계의 질은 관람만족과 장기적 관계지향성의 관계에서 부분적인 매개효과가 있는 것으로 나타났다.

이정화, 김호영, 강정석(2017)은 대학생들을 대상으로 외로움이 SNS 중독 경향성에 미치는 영향을 검증하고, 외로움과 SNS 중독 경향성 간의 관계에서 대인관계 지향성의 조절효과를 검증하였다. 외로움과 대인관계 지향성은 남녀 대학생 모두에서 SNS 중독 경향성에 유의한 정적 관계를 갖는 것으로 나타났다. 그러나 외로움이 SNS 중독 경향성에 미치는 영향은 여자 대학생들보다 남자 대학생들에서 더 강하게 나타났다. 또한 외로움과 SNS 중독 경향성 간의 관계에서 대인관계 지향성의 조절 효과는 여자 대학생 집단에서만 유의하였다. 여자 대학생의 경우, 대인관계지향성이 높을수록 외로움이 SNS 중독 경향성에 미치는 영향이 더 큰 것으로 나타났다.

김세리(2019)는 호텔 레스토랑 이용고객을 대상으로 하는 SNS를 활용한 마케팅 활동이 고객들의 호텔레스토랑에 대한 관계혜택 지각에 미치는 영향과 SNS 마케팅 활동을 통하여 형성된 호텔레스토랑에 대하여 지각된 관계혜택이 관계지향성 형성에 미치는 인과관계를 분석했다. SNS마케팅믹스가 가장 큰 영향을 미치는 관계 혜택은 심리적 혜택이었고, 호텔레스토랑 이용고객이 지각하는 세 가지 차원의 관계혜택에 공통으로 작용하는 SNS 마케팅 요소는 정보의 적시성, 최근 정보, 접근성 등의 유통믹스 요인이다. 호텔레스토랑에 대한 고객의 관계지향성에 미치는 지각된 관계혜택 중에서는 심리적 혜택과 편의적 혜택이 의미있는 영향을 미쳤으나, 경제적 혜택은 영향을 미치지 않았다.

이영희(2014)는 한국과 미국의 소비자를 대상으로 하여 SNS에서 유통되는 정보에 대한 소비자들의 만족도와 활용도를 살펴보고, 새로운 것에 대한 소비자능력과 관계지향성에 따라 SNS 정보만족도와 활용도를 분석했다. 새로운 것에 대한 소비자의 수용능력, 활용능력, 제공능력 중에서 한국과 미국소비자 모두 활용능력이 가장 높았으며, 제공능력이 가장 낮게 나타났다. SNS에서의 관계지향성은 한국소비자는 결속관계지향이 높은 반면, 미국소비자는 연결관계지향이 높게 나타났다. 이러한 차이를 문화적인 측면의 영향인 것으로 해석했다. 관계지향성을 통한 SNS 정보만족도와 활용도를 살펴본 결과, 한국의 경우 연결지향과 결속지향은 SNS 정보만족도를 통하여 SNS 정보활용도에 정적인 영향을 미치고 있었으며, 미국의 경우 연결지향만이 SNS 정보활용도에 직접적으로 영향을 미치고 있는 것으로 나타났다.

강성무와 김형준(2018)은 관계혜택을 확신적 혜택, 사회적 혜택, 특별대우 혜택의 3가지 차원으로 구분하고 고객만족과 장기적 관계지향성을 이용하여 신협에서의 구조적 관계를 분석했다. 확신적 혜택은 장기적 관계지향성에 직접적인 영향을 미칠 뿐만 아니라 고객만족을 매개로 간접적인 영향을 미쳤고, 사회적 혜택은 장기적 관계지향성에 직접적인 영향을 미쳤으나, 고객만족을 매개로 한 간접적인 영향은 미치지 않았다. 특별대우 혜택은 장기적 관계지향성에 직접적인 영향을 미치지 않았으나, 고객만족을 매개로 간접적인 영향을 미쳤고, 고객만족은 장기적 관계지향성에 정적인 영향을 미쳤다.

김병용(2017)은 한류문화콘텐츠에 대한 감정적 태도가 한국 의료관광에 대한 신뢰와 관계지향성에 미치는 영향을 분석했다. 한류문화콘텐츠에 대한 몰입 정도는 감정적 태도에 정적 영향을 미쳤으나 한국 의료관광에 대한 신뢰 및 관계지향성에 대해서는 의미있는 영향을 미치지 않았다. 한류문화콘텐츠에 대한 감정적 태도는 한국 의료관광에 대한 신뢰 및 관계지향성에 그리고 의료관광에 대한 신뢰는 관계지향성에 정적 영향을 미치고 있는 것으로 나타났다.

박승혜와 이승연(2019)는 대학생의 완벽주의적 자기제시 성향과 SNS 중독경향성의 관계를 사회불안이 매개하고, 이 간접효과가 대인관계 지향성의 수준에 따라 변화하는지를 분석했다. 남성에게서 완벽주의적 자기제시와 SNS 중독경향성 간에 사회불안의 완전매개효과가 나타났다. 또한, 남성의 경우, 사회불안과 SNS 중독경향성의 관계에서 대인관계 지향성의 조절효과가 유의하였고, 간접효과 역시 대인관계 지향성의 수준에 따라 차이를 보였다. 한편, 여성에게서는 사회불안의 매개효과가 유의하지 않았고, 대인관계 지향성의 조절효과 및 조절된 매개효과 역시 유의하지 않았다.

정계숙, 손환희, 박희경(2019)는 유아교육현장에서 교육공동체 구현의 필요성이 제기되는 시점에 유아교사의 유아교육기관 구성원과의 공동체의식이 우리의식 요인인 관계지향성 및 일체감과 교육공동체 구현 행동 실천 간의 관계에서 매개효과를 분석했다. 유아교사의 관계지향성과 일체감은 교육공동체 구현 행동 실천에 영향을 미치는 요인이며 유아교육기관 구성원과의 공동체의식은 관계지향성, 일체감과 교육공동체 구현 행동 실천과의 관계에서 부분적 매개효과를 갖는 것으로 밝혀졌다.

성현성(2017)은 베트남에 진출한 한국 외식 기업을 중심으로 베트남 현지에서 한국 기업의 CSR 활동에 대한 인식과 이를 통한 기업 이미지, 관계지향성에 미치는 영향과, 기업의 비재무적 성과와의 관계를 검증하였다. 글로벌 외식 기업의 CSR 활동 요인 중 법적 · 윤리적 활동을 제외한 경제적, 자선적, 지역사회공헌적 활동은 기업이미지에 유의미한 정적 영향을 미쳤고, 경제적, 법적·윤리적 활동은 관계지향성에 유의미한 정적 영향을 미쳤으나, 자선적, 지역사회공헌적 활동은 관계지향성에 영향을 미치지 않았다. CSR 활동에 의해 기업이미지는 관계지향성에 영향을 미쳤고, 성과에도 직접적인 영향을 미쳤고, 관계지향성도 성과에 영향을 미쳤다.

2. 대학생 소비자의 SNS를 통한 관계지향성

<표 3-1>에는 SNS를 통한 관계지향성 문항을 요인분석한 결과가 제시되어 있다. 2개 요인이 추출되었고, 두 요인은 전체 분산의 66.549%를 설명해준다. 전체분산의 40.657%를 설명하는 요인 1은 도움과 관련된 문항으로 구성되어 있기 때문에 SNS 도움관계지향이라고 명명했고, 신뢰도는 .859로 높게 나타났다. 전체분산의 25.891%를 설명하는 요인 2는 관심과 관련된 문항으로 구성되어 있기 때문에 SNS 관심관계지향이라고 명명했고, 신뢰도도 .926으로 매우 높게 나타났다.

〈표 3-1〉 SNS를 통한 관계지향성 요인분석

문항	요인1 SNS 도움 관계지향	요인2 SNS 관심 관계지향	공통성
1. SNS를 통해 소통하는 사람 중 내가 중요한 결정을 할 때 도움을 줄 수 있는 사람이 있다.	.846	.209	.759
2. SNS를 통해 소통하는 사람 중 내 문제를 해결하는데 도움을 줄 것이라고 신뢰할 수 있는 사람이 많다.	.840	.187	.741
3. SNS를 통해 소통하는 사람 중 내가 외로울 때 얘기할 수 있는 사람이 많다.	.825	.132	.698
4. SNS를 통해 소통하는 사람 중 내가 급하게 50만원 정도가 필요하다면 도움을 청할 수 있는 사람이 있다.	.819	.014	.671

5. SNS를 통해 소통하는 사람들이 나와 마지막으로 남은 돈도 나눌 수 있을 정도로 나에게 진심이다.	.810	.123	.672
6. SNS를 통해 소통하는 사람들이 내가 부당한 일에 맞서 싸우는데 도움을 줄 것이다.	.796	.220	.683
7. SNS를 통해 소통하는 사람들이 내가 취업하는데 좋은 추천인이 될 것이다.	.771	.155	.618
8. SNS를 통해 나는 항상 새로운 사람과 접촉하게 된다.	.639	.352	.532
9. SNS를 통해 소통하는 사람들은 내가 새로운 것을 시도하고 싶도록 만든다.	.161	.850	.748
10. SNS를 통해 소통하는 사람들은 나와 다르게 생각하는 사람들에게 관심을 갖게 만든다.	.059	.849	.724
11. SNS를 통해 소통하는 사람들은 우리 동네 밖에서 일어나는 일들에 대하여 관심을 갖게 해준다.	.119	.794	.644
12. SNS를 통해 소통하는 사람들은 세계 다른 곳에 대한 호기심을 갖게 해준다.	.160	.781	.635
13. SNS를 통한 소통은 새로운 사람과 대화할 수 있게 해준다.	.387	.613	.525
아이겐값	5.285	3.366	
분산(%)	40.657	25.891	
전체분산(%)	40.657	66.549	
Cronbach's α	.859	.926	.909

〈표 3-2〉 SNS를 통한 관계지향성의 일반적 경향

변수	문항	평균(SD)
SNS 도움관계 지향	1. SNS를 통해 소통하는 사람 중 내가 중요한 결정을 할 때 도움을 줄 수 있는 사람이 있다.	3.64(1.63)
	2. SNS를 통해 소통하는 사람 중 내 문제를 해결하는데 도움을 줄 것이라고 신뢰할 수 있는 사람이 많다.	3.54(1.53)
	3. SNS를 통해 소통하는 사람 중 내가 외로울 때 얘기할 수 있는 사람이 많다.	3.63(1.63)
	4. SNS를 통해 소통하는 사람 중 내가 급하게 50만 원 정도가 필요하다면 도움을 청할 수 있는 사람이 있다.	3.08(1.67)
	5. SNS를 통해 소통하는 사람들이 나와 마지막으로 남은 돈도 나눌 수 있을 정도로 나에게 진심이다.	3.11(1.67)
	6. SNS를 통해 소통하는 사람들이 내가 부당한 일에 맞서 싸우는데 도움을 줄 것이다.	3.36(1.52)
	7. SNS를 통해 소통하는 사람들이 내가 취업하는데 좋은 추천인이 될 것이다.	3.41(1.56)
	8. SNS를 통해 나는 항상 새로운 사람과 접촉하게 된다.	3.82(1.58)
	전체(7점 환산점수)	3.45(1.34)

	9. SNS를 통해 소통하는 사람들은 내가 새로운 것을 시도하고 싶도록 만든다.	4.55(1.34)
	10. SNS를 통해 소통하는 사람들은 나와 다르게 생각하는 사람들에게 관심을 갖게 만든다.	4.58(1.31)
SNS 관심관계지향	11. SNS를 통해 소통하는 사람들은 우리 동네 밖에서 일어나는 일들에 대하여 관심을 갖게 해준다.	4.72(1.37)
	12. SNS를 통해 소통하는 사람들은 세계 다른 곳에 대한 호기심을 갖게 해준다.	4.57(1.32)
	13. SNS를 통한 소통은 새로운 사람과 대화할 수 있게 해준다.	4.59(1.35)
	전체(7점 환산점수)	4.60(1.07)

<표 3-2>에는 SNS를 통한 관계지향성의 일반적 경향이 제시되어 있다. SNS 관심관계지향은 4.60점으로 척도의 중간점수대이고, SNS 도움관계지향은 3.45점으로 중간보다 한 단계 낮은 수준이다. 대체로 관심보다는 도움이 실천하기가 어려운 면이 있어서 이러한 결과가 나왔다고 해석할 수 있다. "SNS를 통해 소통하는 사람들은 우리 동네 밖에서 일어나는 일들에 대하여 관심을 갖게 해준다."가 4.72점으로 가장 높고, "SNS를 통한 소통은 새로운 사람과 대화할 수 있게 해준다."가 4.59점으로 두 번째로 높고, "SNS를 통해 소통하는 사람들은 나와 다르게 생각하는 사람들에게 관심을 갖게 만든다."는 4.58점으로 세 번째로 높았다. "SNS를 통해 소통하는 사람 중 내가 급하게 50만원 정도가 필요하다면 도움을 청할 수 있는 사람이 있다."가 3.08점으

로 가장 낮았다. "SNS를 통해 소통하는 사람들이 나와 마지막으로 남은 돈도 나눌 수 있을 정도로 나에게 진심이다."가 3.11점으로 두 번째로 낮았다. "SNS를 통해 소통하는 사람들이 내가 부당한 일에 맞서 싸우는데 도움을 줄 것이다."는 3.36점으로 세 번째로 낮았다. <표 3-3>에 의하면 SNS 도움관계지향은 사회인구학적 변수에 따라 차이가 나지 않았다.

〈표 3-3〉 사회인구학적 변수에 따른 SNS 도움관계지향

변수	범주	빈도	평균	sd	DUNKAN
월평균 가계소득	400만원 미만	140	4.52	.981	
	400-600만원 미만	158	4.63	.990	
	600만원 이상	121	4.67	1.251	
	F	.692			
월평균 용돈	30만원 미만	72	4.49	.941	
	30-40만원 미만	165	4.67	1.101	
	40만원 이상	182	4.57	1.086	
	F	.811			
성별	남자	193	4.51	1.146	
	여자	226	4.67	.993	
	T	1.540			
부직업	사무전문직	157	4.62	1.025	
	서비스판매직	85	4.75	1.153	
	기능노무직	177	4.51	1.061	
	F	1.527			

〈표 3-4〉 인터넷과 SNS 사용시간에 따른 SNS 도움관계지향

변수	범주	빈도	평균	sd	DUNKAN
일일평균 인터넷 사용시간	2시간 미만	228	4.59	1.049	
	2-4시간 미만	94	4.60	1.116	
	4시간 이상	97	4.62	1.077	
	F	.024			
일주평균 SNS 사용시간	1-3시간 미만	169	4.43	1.064	b
	3-5시간 미만	92	4.65	1.049	ab
	5시간 이상	158	4.76	1.063	a
	F	4.178*			

*p〈.05

<표 3-4>에는 인터넷과 SNS 사용시간에 따라 SNS 도움관계지향이 차이가 나는가를 분산분석한 결과가 제시되어 있다. SNS 도움관계지향은 일일 평균 인터넷 사용시간에 따라서는 차이가 나지 않았으나, 일주 평균 SNS 사용시간에 따라서는 $p<.05$ 수준에서 의미있는 차이가 났다. SNS 도움관계지향은 일주 평균 SNS 사용시간이 5시간 이상인 집단이 1-3시간 미만인 집단보다 높았으나, 3-5시간 미만인 집단과는 차이가 나지 않았다. SNS 도움관계지향은 일주 평균 SNS 사용시간이 1-3시간 미만인 집단과 3-5시간 미만인 집단 간에는 차이가 나지 않았다.

〈표 3-5〉 디지털문화자본과 사회적 연결감에 따른 SNS 도움관계지향

변수	범주	빈도	평균	sd	DUNKAN
디지털 문화자본	상(4.6이상)	92	4.91	1.046	a
	중(3.6-4.6미만)	223	4.56	.937	b
	하(3.5이하)	103	4.41	1.286	b
	F	5.804**			
사회적 연결감	상(5.5이상)	140	4.86	1.161	a
	중(4.5-5.5미만)	156	4.63	1.028	a
	하(4.5이하)	121	4.25	.920	b
	F	11.126***			

**p〈.01 ***p〈.001

<표 3-5>에는 디지털문화자본과 사회적 연결감에 따라 SNS 도움관계지향이 차이가 나는가를 분산분석한 결과가 제시되어 있다. SNS 도움관계지향은 디지털문화자본에 따라 $p<.01$ 수준에서 차이가 났고, 사회적 연결감에 따라서는 $p<.001$ 수준에서 차이가 났다. SNS 도움관계지향은 디지털문화자본이 상인 집단이 중과 하인 집단보다 높았으나, 중인 집단과 하인 잡단 간에는 차이가 없었다. SNS 도움관계지향은 사회적 연결감이 상인 집단과 중인 집단이 하인 집단보다 높았으나, 상인 집단과 중인 집단 간에는 차이가 없었다.

〈표 3-6〉 사회인구학적 변수에 따른 SNS 관심관계지향

변수	범주	빈도	평균	sd	DUNKAN
월평균 가계소득	400만원 미만	140	3.13	1.150	b
	400-600만원 미만	158	3.64	1.144	a
	600만원 이상	121	3.56	1.551	a
	F	6.607*			
월평균 용돈	30만원 미만	72	3.36	1.123	
	30-40만원 미만	165	3.41	1.356	
	40만원 이상	182	3.51	1.302	
	F	.492			
성별	남자	193	3.64	1.335	
	여자	226	3.28	1.237	
	T	-2.819*			
아버지 직업	사무전문직	157	3.62	1.230	
	서비스판매직	85	3.32	1.585	
	기능노무직	177	3.34	1.178	
	F	2.406			

*p〈.05

<표 3-6>에는 사회인구학적 변수에 따라 SNS 관심관계지향이 차이가 나는가를 분산분석한 결과가 제시되어 있다. SNS 관심관계지향은 월평균가계소득에 따라서만 p<.05 수준에서 차이가 났고, 월평균용돈, 성별, 아버지 직업에 따라서는 차이가 나지 않았다. SNS 관심관계지향은 월평균가계소득이 400-600만원 미만인 집단과 600만원 이상인 집단이 400만원 미만인 집단보다 높았으나, 400-600만원 미만인 집단과 600만원 이상인 집단 간에는 차이가 나지 않았다.

〈표 3-7〉 인터넷과 SNS 사용시간에 따른 SNS 관심관계지향

변수	범주	빈도	평균	sd	DUNKAN
일일평균 인터넷 사용시간	2시간 미만	228	3.36	1.293	
	2-4시간 미만	94	3.42	1.336	
	4시간 이상	97	3.68	1.235	
	F	2.222			
일주평균 SNS 사용시간	1-3시간 미만	169	3.28	1.147	b
	3-5시간 미만	92	3.40	1.225	ab
	5시간 이상	158	3.66	1.451	a
	F	3.544*			

*p〈.05

<표 3-7>에는 인터넷과 SNS 사용시간에 따라 SNS 관심관계지향이 차이가 나는가를 분산분석한 결과가 제시되어 있다. SNS 관심관계지향은 일일 평균 인터넷 사용시간에 따라서는 차이가 나지 않았으나, 일주 평균 SNS 사용시간에 따라서는 p<.05 수준에서 의미있는 차이가 났다. SNS 관심관계지향은 일주 평균 SNS 사용시간이 5시간 이상인 집단이 1-3시간 미만인 집단보다 높았으나, 3-5시간 미만인 집단과는 차이가 나지 않았다. SNS 관심관계지향은 일주 평균 SNS 사용시간이 1-3시간 미만인 집단과 3-5시간 미만인 집단 간에는 차이가 나지 않았다.

〈표 3-8〉 디지털문화자본과 사회적 연결감에 따른 SNS 관심관계지향

변수	범주	빈도	평균	sd	DUNKAN
디지털 문화자본	상(4.6이상)	92	3.62	1.223	a
	중(3.6-4.6미만)	223	3.49	1.229	ab
	하(3.5이하)	103	3.20	1.450	b
	F	2.977*			
사회적 연결감	상(5.5이상)	140	3.69	1.529	a
	중(4.5-5.5미만)	156	3.20	1.186	b
	하(4.5이하)	121	3.45	1.049	ab
	F	5.425**			

*p〈.05 **p〈.01

<표 3-8>에는 디지털문화자본과 사회적 연결감에 따라 SNS 관심관계지향이 차이가 나는가를 분산분석한 결과가 제시되어 있다. SNS 관심관계지향은 디지털문화자본에 따라서는 p<.05 수준에서 차이가 났고, 사회적 연결감에 따라서는 p<.01 수준에서 차이가 났다. SNS 관심관계지향은 디지털문화자본이 상인 집단이 하인 집단보다 높았으나, 상인 집단과 중인 집단 간에는 차이가 없었고, 중인 집단과 하인 집단 간에도 차이가 없었다. SNS 관심관계지향은 사회적 연결감이 상인 집단이 중인 집단보다 높았으나, 중인 집단과 하인 집단 간에는 차이가 없었고, 상인 집단과 하인 집단 간에도 차이가 없었다.

제2부

공유경제에 관한 소비자 행태

04 공유경제의 특성

공유경제는 2010년대 초반 만해도 큰 주목을 받지 못했으나, 공유경제 스타트업이 크게 성장하면서 글로벌한 추세로 자리잡고 있다. 2013년 다보스 포럼에서 발표한 자료에 의하면 응답자의 5% 만이 공유경제를 최신기술 및 P2P 플랫폼을 활용한 새로운 비지니즈 모델로 이해하고 있었고, 90%가 공유경제를 모른다고 응답하였고, 5% 정도는 물물교환을 의미한다고 이해하고 있었으나, 세계적으로 공유경제에 대한 관심이 증가하고 있다. <그림 4-1>에서 볼 수 있는 것처럼 2013년부터 구글 트렌드에서 공유경제 검색빈도가 크게 증가하고 있다.

공유경제와 유사하게 사용되고 있는 용어는 여러 가지가 있다. 협력적 소비, 메시(mesh), 동료(peer to peer) 경제, 동료생산경제, 한계비용 제로사회 혹은 협력적 공유사회 등과 같이 비교적 중립적 또는 긍정적인 어감을 보이는 용어가 있는 반면 비교적 최근에 등장한 플랫폼 자본주의, 온디맨드(on demand) 경제, 부스러기를 나눠 갖는 경제와 같은 다소 비판적인 어감의 용어도 있다(Koopman, Mitchell, & Thierer, 2014; 김묵한, 2015).

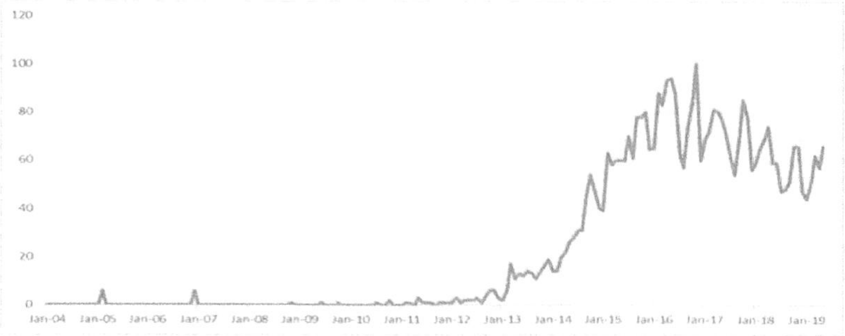

〈그림 4-1〉 구글 트렌드의 공유경제 검색 빈도

1. 공유경제의 정의

공유경제가 전자본주의 시대, 제품과 서비스가 상품 이전이었던 시대에도 존재한다고 보고, 우리나라의 품앗이나 중고 물건을 교환하는 아나바다 운동 등을 공유경제의 원형으로 보는 관점이 있다(김점산, 지우석, 강상준, 2014). 이러한 정의는 공유경제의 기원을 고찰할 수는 있으나, 현재 나타나고 있는 공유경제의 현상을 명확하게 규정하지 못하는 약점과 함께 공유와 공유경제를 혼동하게 한다는 비판을 받고 있다(김묵한, 2015).

하버드대학의 Yochi Benkler 교수는 현대적 의미의 공유경제를 공유에 기반한 동료생산(commons-based peer production)이라는 용어로 지칭하고 처음 사용하였다. 공유에 기반한 동료생산은 인터넷을 통하여 많은 사람들이 가치를 창출하는 일을 공동으로 수행하는 활동이라고 정의했다(Benkler, 2004). 이후 공유경제는 개인이 네트워크를 통해서 자주 사용하지 않는 자산을 서로 공유하거나 교환하는 시장을 의미하는 것으로 보다 구체적으로 정의되기 시작했고, 금전적 또는 비금전적 이익을 얻기 위하여 재화와 서비스를 공유하거나 교환하는 활동과 관련된 모든 활동이 포함되게 되었다(Koopman et al., 2014). Gansky(2010)는 Mesh라는 용어를 사용했는데, 개인의 재화와 IT 기술을 바탕으로 다른 사람들과 공유하여 새로운 가치를 창출하는 비즈니스라고 정의하였다.

2008년에 공유경제라는 용어를 처음으로 사용한 하버드대학 로스쿨의 Lawrence Lessig 교수는 공유경제를 한번 생산된 제품을 여러 사람들이 공유해서 사용하는 협업소비가 기본이 되는 경제방식이라고 정의했다. 가격적 요소에 바탕을 둔 전통경제와 다르게 공유경제는 사회적 관계가 중요한 동인이 되고 돈이 개입하지 않는 경제활동으로 규정되고 있다. Lessig(2008)은 가격적인 요소를 핵심으로 하는 전통경제와 돈을 고려하지 않는 공유경제 사이에 하이브리드 경제라고 할 수 있는 제 3의 경제가 부상하고 있다고 하였다. 하이브리드 경제는 공유경제로부터 가치를 증식하는 상업적 실체 또는 공유경제를 활성화하기 위하여 상업적 실체를 만드는 공유경제이다.

사람들이 공유경제에 참여하게 되는 동기로는 상대를 위한 고려(thee-regarding)와 나를 위한 고려(me-regarding)가 있을 수 있다. 나를 위한 고려가 주축이 되는 공유경제는 엷은 공유경제, 자신과 상대에 대한 고려가 모호하게 섞여 있는 공유경제는 두꺼운 공유경제라고 부르는데, 지속되는 기간은 엷은 공유경제가 두꺼운 공유경제보다 더 길다. 사람들은 사회적인 이해관계와 관련된 복수의 영역에서 살고 있고 상호배타적이면서도 함께 공존하는 형태로 살고 있다는 점을 감안하면 경유경제의 범위는 고정된 것이 아니라 변화하고 있다(Lessig, 2008; 곽노완, 2013; 황영모, 이인우, 오윤덕, 신동훈, 2015).

공유경제의 소비측면을 강조하면 집단처럼 하나로 합치고 공유하는 활동이 협업과 커뮤니티 방식으로 살아나는 협력적 소비(collaborative consumption)와 동일하거나 유사한 개념으로 공유경제를 정의한다. 협력적 소비는 자신이 소유하고 있는 기술과 자원을 다른 사람과 공유하여 새로운 가치를 창출하는 경제모델로 2008년 미국의 서비프라임 사태 이후 경기가 위축되면서 절약캠페인처럼 시작된 일종의 사회운동으로 전 세계적으로 빠르게 확산되고 있다(김형균, 오재환, 2013; 이종인, 2016).

Botsman과 Rogers(2010)도 공유경제는 자신이 가지고 있는 재화에 대한 접근권이나 사용권을 다른 사람들과 공유, 교환, 대여함으로써 새로운 가치를 창출해내는 것을 의미하는 협력적 소비를 바탕으로 한다고 하였다. 조용수(2015)도 전통경제가 개인의 소유를 통한 경제활동을 강조한다면, 공유경제는 사회의 공유를 통한 경제활동을 강조하며 자원을 소유하는 것보다는 자원에 대한 접근성을 강조한다고 하였다. Sundararajan(2013)도 공유경제를 새로운 경제로 물품을 소유하기 보다는 서로 나누면서 모든 사람들이 쉽게 접근할 수 있게 해주는 것이라고 정의했다.

옥스퍼드대학의 Botsman 교수는 2010년 5월 미국의 비영리재단에서 운영하는 TED 강연회에 출연해서 개인의 재화와 서비스를 IT 기술을 바탕으로 다른 사람과 공유하여 새로운 가치를 창출하는 비즈니스 및 관련 현상으로 공유경제를 정의하였다. 특히 사이버공간을 통하여 재화와 서비스, 인적 자원, 기술, 지식, 정보 등을 공유하는 것을 강조하고 있다.

우리나라에서 공유경제 정책을 선도적으로 추진하고 있는 서울시는 공유경제는 자원에 대한 소유권과 배타적 사용권을 주장하기 보다는 해당 자원의 활용성에 초점을 맞춰서 공유하도록 개방함으로써 사회적 가치를 높이는 경제활동이라고 정의하고 있다(서울특별시, 2012). 공유경제는 개인, 기업, 비영리조직 및 정부에 상품과 서비스의 초과사용과 공유에 관한 정보를 제공할 수 있는 다양한 형태를 취할 수 있다(Wikipedia, 2015; Hamari, Sjöklint, & Ukkonen, 2015).

공유경제는 보다 공정하고 지속가능한 경제를 실현하기 위한 시민운동으로 출발하였기 때문에(Schor, 2014) 운동 측면에서 공정경제를 정의한 경우도 있다. 공유하는 사람들(www.peoplewhoshare.com)의 의장인 Matofska는 공유경제는 인적, 물적 자원을 공유하는 사회경제적 생태계를 만들어서 창조, 생산, 분배, 교환, 용역의 소비를 공유하는 것이라고 정의하였다.

광의의 공유경제 개념은 이익중심의 공유경제와 가치중심의 공유경제로 분류할 수 있다. 비싼 물건을 소유하지 말고 합리적으로 사용하자는 이익중심의 공유경제는 비싼 가전, 자동차, 설비 등을 렌탈료를 받고 사용권을 빌려주는 렌탈산업과 고가의 자동차나 주택을 공유하는 우버나 에어비엔비 등이 포함된다. 우버와 에어비엔비는 비싼 자산을 합리적으로 이용하는 성격이 강하고 플랫폼에 전문 B2C사업자들이 등장한다는 점에서 이익중심의 공유경제로 분류될 수 있다.

가치중심의 공유경제는 비싼 물건을 합리적으로 사용하는 경제적 합리성 이상의 가치를 중요하게 생각한다. 사회의 유휴자원을 가치를 매개로 연결하여 새로운 비즈니스를 구성한다. 예를 들면 만남이라는 가치를 위해 남는 부엌과 식탁이 활용되고, 낭비를 막기 위해 옷장속 옷들이 활용된다. 공유 되는 자산은 비싼 자산에 한정되지 않고, 시간, 재능, 자본 등 유형재와 무형재를 모두 포괄하며 종류도 점점 더 다양해지고 있다. 이러한 다양성은 온디멘드 서비스나 플랫폼의 성장을 촉발한다.

우리나라에서는 이해관계자간 갈등 요소가 상대적으로 적고, 스타트업 육성에 유리한 공유오피스와 공유주방이 빠르게 성장하고 있다. 국내 공유오피스는 57개사가 192개를 운영하고 있으며(<그림 4-2> 참고), 조리비용을 절감하고, 음식점업 가치사슬상 다양한 스트트업 출현이 가능한 공유주방도 시장이 점차 확대되고 있다.

〈그림 4-2〉 공유오피스 현황

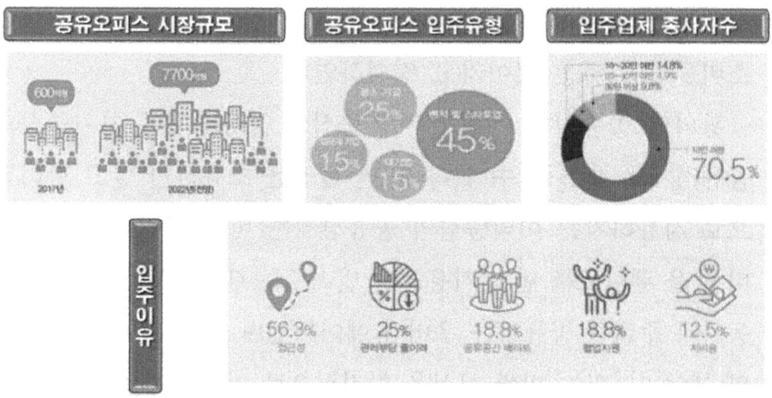

출처: KT경제경영연구소, 스타트업얼라이언스, 시사저널(2019.4.24.), 구자현, 전소영 (2019) 재인용

이익중심의 공유경제가 경제적이고 합리적인 마인드를 바탕으로 이윤극대화를 통해 가치를 추구하는 개념이라면, 가치중심의 공유경제는 먼저 가치를 추구하고 그 가치를 통하여 이윤이 수반되는 구조이다. 가치를 매개로 참여자들을 모으고, 자산을 공유하게 함으로써 경제적 효과를 창출할 수 있다. 돈 대신 가치

를 추구하여 오히려 돈을 만들어내는 방식의 비즈니스인 것이다. <표 4-1>에는 이익중심 공유경제와 가치중심 공유경제 비즈니스를 비교한 내용이 제시되어 있다. <그림 4-3>에 의하면 렌탈리즘의 범위가 가장 좁고, 그 다음은 이익중심의 공유경제이고, 가치중심의 공유경제의 범위가 가장 넓다고 볼 수 있다(나현, 2016).

〈표 4-1〉 이익중심 공유경제와 가치중심 공유경제 비즈니스의 비교

	이익중심 공유경제	가치중심 공유경제
지향점	비싼 자산을 저렴하게 이용	유휴자원으로 새로운 가치 창조
재화 종류	고가의 자산 위주 (가전, 자동차, 설비 등)	생활 소비재 전반 (옷, 수공예품 등)
재화 유형	유형재	유형재/무형재(시간, 노동 등)
주요 방식	B2C/B2B	P2P
주도 사업자	제조업체	플랫폼 업체
관점	선 이윤 추구 – 후 가치창출	선 가치 추구 – 후 이윤 창출

출처: 나현(2016)

〈그림 4-3〉 공유경제의 영역 분할

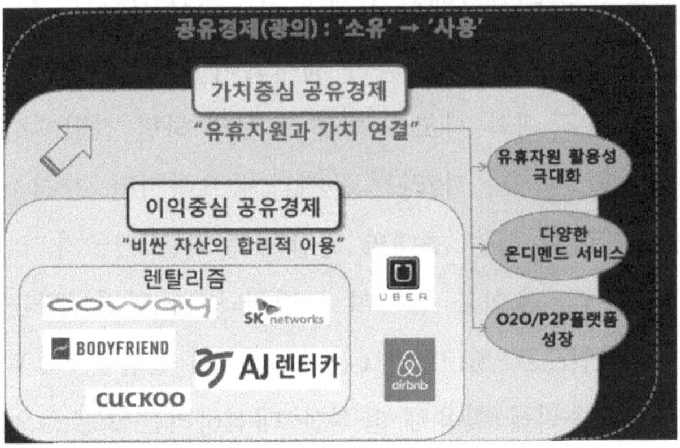

출처: 나현(2016)

〈표 4-2〉 이윤극대화 사고와 가치중심 사고의 비교

<table>
<tr><th rowspan="2">공유
기업</th><th rowspan="2">공유
대상</th><th rowspan="2">이윤극대화
사고</th><th rowspan="2">가치중심
사고</th><th colspan="2">참여자별 경제효과</th></tr>
<tr><th>공유자</th><th>수혜자</th></tr>
<tr><td>Eat
With</td><td>음식</td><td>어떻게 하면
집밖에서 외식을
많이 하게 할 수
있을까?</td><td>집에서 하는
초대와 만남의
문화를 만들자.</td><td>요리 판매
수입</td><td>만남/
음식</td></tr>
<tr><td>Yerdle</td><td>물건</td><td>어떻게 하면
소비를 많이
하게 할 수
있을까?</td><td>서로의 물건을
공유해 과소비를
줄이자.</td><td>판매
수입/
보관비용
절감</td><td>소비
절약</td></tr>
<tr><td>Task
Rabbit</td><td>재능</td><td rowspan="2">어떻게 하면
자신의 재능과
시간을 상품화
할 수 있을까?</td><td rowspan="2">나의 재능과
시간으로 주변의
이웃을 돕자.</td><td rowspan="2">부가노동
수입</td><td rowspan="2">시간과
비용
절감</td></tr>
<tr><td>Time
Republic</td><td>시간</td></tr>
<tr><td>Upstart</td><td rowspan="2">자본</td><td rowspan="2">어떻게 하면
현재 시점에서
안전한 대출자를
많이 모을까?</td><td rowspan="2">미래시점의
가치를 보고
투자하자.</td><td rowspan="2">투자수익</td><td rowspan="2">미래
밑천</td></tr>
<tr><td>Seeders</td></tr>
</table>

출처: 나현(2016)

<표 4-2>에는 이윤극대화 사고와 가치중심 사고를 구분해서 공유대상과 참여자별 경제효과가 제시되어 있다. 음식이 공유대상인 경우, 이윤극대화 사고를 하면 어떻게 하면 집밖에서 외식을 많이 하게 할 수 있을까?라는 문제가 중요하지만, 가치중심 사고를 하면 "집에서 하는 초대와 만남의 문화를 만들자."라는 가치가 중요해진다. 음식을 통하여 특별한 맛과 만남이라는 가치를 추구하는 기업으로 2012년에 Guy Michlin이 설립한 Eat With는 자기집과 요리솜씨를 활용해 음식을 대접하려는 호스트와 새로운

외식경험을 원하는 게스트로 구성된다. 전문요리사가 아니어도 사전데모이벤트를 통하여 요리재능을 인정받으면 호스트로 등록할 수 있고, 고화질 이미지, 유투브 동영상 등으로 메뉴를 사전에 감상할 수 있고, 게스트가 개별적으로 호스트와 접촉해서 개인적 이벤트에 음식을 지원해 달라고 요청하는 private dining도 신청할 수 있다. 현재 30개국 150개 이상의 도시에서 500여명의 요리사가 호스트로 등록되어 있고, 1만회 이상의 이벤트가 개최되었고, 6만명 이상의 게스트가 참여했다. 게스트가 예약하면서 지불하는 예약금의 15%를 플렛폼 비용으로 징수한다(나현, 2016).

노동에 관한 공유경제는 크라우드 소싱 및 주문형(On Demand) 노동의 두 유형으로 분류될 수 있다. 크라우드 소싱은 플랫폼을 통해 떨어져있는 장소에 있는 크라우드 워커(작업자)에게 일을 의뢰하는 구조이며, 주문형 노동에서는 플랫폼을 통해 일정한 장소에 크라우드 워커(작업자)에게 와달라고 하는 구조이다. 주문형 노동은 플랫폼 경제를 기반으로 노무를 제공하는 플랫폼 취업자는 특정 플랫폼에 사실상 전속되어 소비자의 주문을 받아 오프라인에서 서비스를 제공한다. 크라우드 소싱의 구조는 <그림 4-4>에 제시되어 있다.

〈그림 4-4〉 크라우드 소싱의 구조

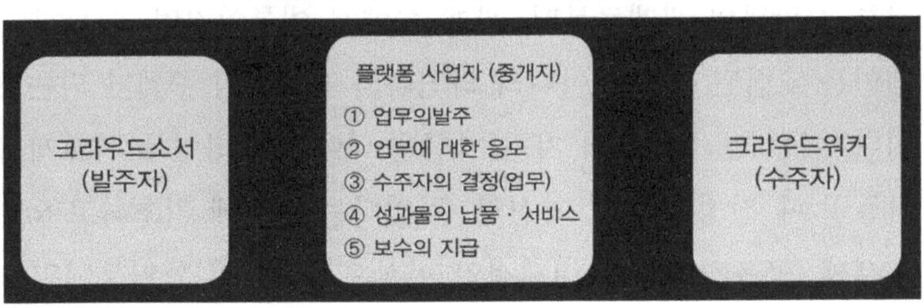

출처: 김희성(2018)

2. 공유경제와 유사한 개념

1) 공유경제와 우리-합리성

개인주의에 기초한 전통적인 경제적 합리성을 극복하려는 시도인 우리-합리성(We-rationality)은 개체성의 가치를 사회성과 합치려는 시도라고 할 수 있다. 우리-합리성은 팀멤버십에서도 독립적인 상태로 남아 있는 사람들 간의 관계를 기본 구성단위로 간주하기 때문이다. 조직 내 의사결정에서 절차적 민주성이 온전히 살아 있어야 우리-합리성이 성립한다. 공유경제는 다음과 같은 우리-합리성의 요소들을 가지고 있다(Bruni, 2002: 58-66; 문병기, 2010: 348-349).

첫째, 공유경제에는 공동체로의 강력한 소속감, 보편적 개방성에 대한 열망과 우리의식이 존재한다. 만약 우리-합리성이 보편적 개방성과 양립하지 못한다면, 우리-합리성은 마피아와 같은 범죄 집단의 논리를 설명하기 위해서도 사용될 수 있다. 기부문화를 형성하기 위하여 공유경제기업체들이 내놓는 이윤의 세번째 부분은 이러한 보편적 형제애를 표현한 것이다.

둘째, 공유경제에는 타인과의 관계가 중심적 가치를 담당한다. 사람은 항상 타인과 구성적 관계에 있다. 각 개인의 모든 결정은 다른 사람과의 관계로부터, 관계 속에서 이루어지며, 이를 통해 개인은 고립된 주체가 아니라 타인과의 관계속의 주체가 되는 것이다. 이는 인간은 오직 자기 자신을 내어주고 타인을 기쁘게 받아들일 때 진정으로 그 자신일 수 있다는 확신에 기초하고 있다.

셋째, 공유경제에는 내재적인 이상으로부터의 동기부여인 자신의 이상을 적극적으로 표현하려는 동기가 중요한 역할을 한다. 표현적 합리성은 어떠한 종류의 행동을 통해 자신의 개성 또는 가치 등을 적극적으로 표현하고자 하는 소망에 의해 나타나는 경제적 행동을 의미한다. 내가 윤리적 상품을 구매하는 것은 나의 수단-목적관계를 최적화하려는 것이 아니라 하나의 가치를 표현하기 위해서이다. 경제나 인생에 대한 자신의 신념을 표현하기 위해서 이윤의 일부를 공동소유로 내놓은 사회적 경제 내지 공유경제사업에 매진하는 것이다.

넷째, 공유경제에는, 타인의 반응 없이는 불가능하지만, 타인의 반응이 필수 조건이라고는 할 수 없는 호혜성이 중요하다. 공유 합리성의 가장 큰 특성은 어떠한 단서도 붙지 않는 무조건적인 호혜성이라는 것이다. 조건성은 내가 무언가를 협력하면 상대방도 그렇게 할 것이라는 우리의 일반적인 호혜성에 대한 이해와 일치한다. 물론 우리-합리성도 어느 정도의 조건성과 감사의 표시는 필요하다. 그러나 공유의 합리성은 사전 조건적 합리성이라기 보다는 사후 조건적 합리성이다. 타인에 대한 개방성은 무조건적인 사전적 사례금에 해당하며, 이러한 최초의 호의는 인간적 관계와 경제적 관계에서 매우 중요하다. Vittorio Pelligra(2011)의 경제실험에 의하면, 행위주체들은 자신이 먼저 타인으로부터 무조건적인 신뢰를 받았다는 사실을 알게 되면 그러한 신뢰를 되갚으려는 유인을 갖게 된다고 한다. 장기적인 사회적 경제게임의 성공요건이 되는 수혜적 타인의 사후답례와 상호성의 태도는 최초의 호의보다는 훨씬 자연스러운 것이다. 무조건적인 신뢰를 받을수록 다시 되갚으려는 주체적 노력의 가능성은 훨씬 높아지기 때문이다.

2) 소유경제와 공유경제

<표 4-3>에는 전통적인 소유경제와 공유경제를 비교한 내용이 제시되어 있다. 소유경제는 상품과 서비스의 소유를 근간으로 하여 소유권 이전을 통하여 이윤을 극대화하는 것이라고 할 수 있으나, 공유경제는 상품과 서비스의 이용을 바탕으로 하여 이용권의 이전을 통하여 공급자와 이용자가 사회적 관계를 이용을 하여 사회적 가치를 극대화하는 것을 강조하고 있다(황영모, 이인우, 오윤덕, 신동훈, 2015).

소유경제의 기본 동기는 자본중심의 경제적 합리성이라고 할 수 있다. 신자유주의는 자본이윤을 극대화하기 위하여 친자본, 반노동적 정책을 선호하고, 강력한 구조조정을 통하여 막대한 부가 소수에 집중되고, 빈곤계층이 증대되는 양극화가 진행되어 사회적 불평등이 심화되고 있다. 공유경제는 경제활동의 동기로 이윤과 함께 인간존엄성을 함께 고려한다. 경제활동에서 이윤동기와 인간존엄성은 보편적 형제애를 매개로 하여 양립될 수 있다. 인간공동체의 기초이념인 형제애는 자유와 평등에 의미를 새롭게 부여하여 서로 접착시키는 연결고리의 역할을 하고, 참된 평등과 참된 자유를 더 명확하게 이해할 수 있는 열쇄를 제공하는 상호성을 담고 있기 때문이다. 이러한 형제애를 이념으로 하는 공유경제의 중요한 동기는 신뢰, 정의, 정직을 바탕으로 하는 인간중심의 합리성이라고 할 수 있다.

독점과 착취로 희생된 사람들의 자유와 평등을 보장하기 위하여 등장한 복지국가는 많은 성취가 있었으나 노동의 탈상품화를 초래하고 노동윤리와 소유문화를 부식시키는 부작용을 초래하

〈표 4-3〉 소유경제와 공유경제의 비교

구분	소유경제	공유경제
형태	소유	이용
목표	이윤극대화	가치극대화
목적	재화와 용역의 소유권 이전	재화와 용역의 이용권 이전
동기	자본중심의 경제적 합리성	형제애를 바탕으로한 인간중심의 합리성
문화규범	지배적 소유문화	주는 문화
거래체계	시장 매커니즘	플랫폼 매커니즘
거래관계	주체간 경쟁	주체간 신뢰
거래구조	B2C(Business To Consumer)	P2P(Peer to Peer) O2O(Online To Offline)
거래주체	공급자 소비자 따로	공급자 소비자 연계
공급자유형	전통적 전문기업	ICT 기반 스타트업 기업
중개자	중개자=공급자, 전문기업	중개자≠공급자, 플랫폼
소비방식	개별적 소비	협력적 소비
신뢰확보	과거 거래경험, 평판	인터넷 평가, 평판
비용	고가	저가
자원사용	자원의 일방적 사용	자원의 순환적 이용
기간	장기, 사용횟수 적음	단기, 사용횟수 많음

자료: 이영훈(2008), 김형균과 오재환(2013), 한국디자인진흥원(2014), 황영모, 이인우, 오윤덕, 신동훈(2015), 이종인(2016)을 바탕으로 수정

게 되었다. 공유경제는 이러한 자유와 평등의 대립적 관계를 완화하여 효율을 제고할 수 있는 새로운 대안으로 주목을 받고 있다. 형제애를 바탕으로 한 주는 문화는 누가 얼마나 더 많이 소유하고 있는가를 중요하게 생각하지 않고 이웃을 위하여 자신이

가지고 있는 것을 내어 주는 것을 중요하게 생각하는 문화이다. 공유경제는 주는 문화를 통하여 공동체의 모든 구성원들이 가난한 삶의 방식을 자유롭게 선택하여 정의롭지 못하고 비인간적인 가난을 극복하려고 한다. 자유롭게 선택된 축복받은 가난은 절대적 소유대상으로 간주했던 재화로부터 우리를 자유롭게 해줄 뿐 아니라 관계의 빈곤, 생명에 대한 자각의 빈곤, 하나님의 빈곤 등과 같은 새로운 형태의 가난에도 대항한다(이영훈, 2008).

소유경제에서 상품과 서비스는 주체간 경쟁을 전제로 한 시장 매커니즘을 통해 거래가 이루어지고, 거래구조는 B2C(Business To Consumer) 구조로 중개자와 공급자는 전문기업으로 대량생산과 대량소비 사회에서 공급자와 소비자의 단절이 중요한 문제로 부각되었다. 공유경제에서 상품과 서비스의 거래구조는 P2P(Peer to Peer) 방식과 O2O(Online To Offline) 방식으로 공급자와 소비자가 직접 연결되고 인터넷을 기반으로 하는 폴랫폼이 시장역할을 수행하고 있고, 공급자는 주로 ICT 기반 스타트업 기업이다.

소유경제는 개별적 소비가 주를 이루고, 과거 경험과 평판을 통하여 신뢰를 확보하고 초기비용이 비싸지만 오랫동안 소유하며, 자신이 소유한 자원을 일방적이고 배타적으로 장기간에 걸쳐서 사용하나, 사용하는 횟수는 적다. 협력적 소비를 지향하는 공유경제는 사용기간이 길어지면 비용이 증가하기는 하나 소유경제에 비하여 적고, 인터넷 평가와 평판을 통하여 신뢰를 확보한다. 대여자는 사용하지 않는 자원을 제공해서 수익을 창출하고, 이용자는 새로운 상품을 구매하는 비용보다는 싼 사용료를 저가에 지급하여 단기간에 사용하나 사용횟수는 많아서 유휴자원을 순환적으로 재이용해서 친환경적이고 미래지향적이다.

3) 렌탈서비스와 공유경제

〈표 4-4〉 렌탈 서비스와 공유경제의 비교

구분	렌탈 서비스	공유경제
거래주체	렌탈기업과 개인간 거래	개인과 개인 간 거래
상품가치	대여기간 종료 후 자원수명 소멸	자원 존치기간까지 거래 지속 가능
희소성	희소자원 거래 불가	희소자원 거래 가능
이용시간	1일~ 수년간 장기간	시간 ~ 일 단위
유휴시간	사용하지 않는 유휴시간 많음	자원 유휴시간 최소화

자료: 권애라(2013)

상품과 서비스를 빌려주는 것을 기본모델로 한다는 점에서 공유경제는 렌탈서비스와 비슷하지만 새로운 상품과 서비스를 판매하지 않는다는 점에서 차이가 있다. <표 4-4>에는 렌탈서비스와 공유경제의 차이점을 제시하였다. 렌탈서비스는 소비자의 구매비용을 줄이기 위한 소유경제 거래모델의 하나로 거래주체가 전문업체와 개인간의 거래라고 한다면 공유경제는 서로간의 신뢰와 평판, SNS 등을 매개로 하는 개인과 개인의 거래를 기본으로 한다. 렌탈서비스는 대여기간이 끝나면 자원의 잔존가치가 남아있다고 하더라도 자원의 수명이 소멸하는데 반하여 공유경제는 자원의 잔존가치가 없어질 때 까지 거래가 지속될 수 있다. 또한 이용기간이 렌탈서비스는 1일에서 수년간으로 장기간이 가능하나, 공유경제는 시간단위부터 일단위로 가능하기 때문에 이용하지 않는 유휴시간이 렌탈서비스에 비하여 작다. 이러한 점에서 공유경제가 렌탈서비스에 비하여 자원을 빌려주는 사람과 빌리는 사람 모두에게 경제적으로 더 효율적이고, 환경친화적이라고 할 수 있다. 무엇보다도 렌탈서비스는 희소자원을 거래할 수 없으나, 공유경제는 거래할 수 있다는 장점이 있다.

4) 포콜라레운동과 공유경제

공유경제는 이탈리아의 포콜라레운동에서 시작되었다(강문수, 2015; 주덕, 2016; 노영희, 정대근, 노지윤, 2018). 포콜라레운동가들은 1991년 브라질의 소도시 아라첼리에서 빈부의 격차 극복 및 경제적 차원의 기독교이상을 실현하기 위해 한 차원 높은 방식의 재화의 공유를 실천하자고 제안하였고 이것이 훗날 공유경제(Economy of Communion)라 불리게 된 것이다. 이러한 공유경제는 기존에 포콜라레운동에 참여하는 사람들 사이에 존재하고 있던 공유를 통해 새로운 부를 창출하도록 함으로써 재화의 공유를 통하여 더 많은 생산을 목표로 하고 있다(고윤승, 2014).

이탈리아어로 벽난로를 의미하는 포콜라레는 난로와 가정의 상징으로 가족구성원들의 사랑, 안전, 온기를 가장 잘 상징하는 용어이다. 이탈리아 문화권에서 포콜라레는 혹독하게 추운 겨울에 가난해서 아주 어렵게 살아가면서도 따뜻한 벽난로 주위에 가족과 친구들이 다정하게 모여서 평화롭고 따뜻하게 서로를 격려하고 음식을 나눠 먹으면서 대화를 하는 공간이었기 때문에 따뜻한 사랑이 감도는 가정이라는 의미로 발전했다.

포콜라레 운동은 2차 세계대전 중이었던 1943년에 북부 이탈리아의 도시 트렌토에서 시작되었다. 트렌토는 동서 유럽이 만나는 지점이고, 남부 지중해 사람들과 북부 게르만족이 만나는

지점이어서 영토분쟁이 많이 발생한 지역이었다. 여러 번 슬라브 국가의 침략을 받았고, 오스트리아-헝가리 제국도 쳐들어왔다. 16세기에는 유럽에서 종교개혁이 이루어지면서 수많은 종교전쟁이 일어나 많은 사람들이 죽었고, 경제는 파탄나게 되었다. 1545년에 19번째 공의회가 트렌토에서 열렸고, 이 회의에서 가톨릭과 개신교는 결별하였다.

2차 세계대전 중에 나치 지배아래 있던 트렌토를 둘러 싼 산악지역에서 나치에 대한 지하저항운동이 나타나자, 나치군과 이탈리아 사회주의 공화국의 검은 셔츠단 부대는 저항군과 저항군에 동조하는 민간인들을 학살했다. 1943년 9월 독일군은 피에몬테의 보베스 마을을 잿더미로 만들었고, 주민들을 불태우는 만행을 저질렀다. 또한 트렌토에도 연합국의 무차별 폭격이 시작되면서 수많은 사람들이 죽었고, 도시 전체가 무참하게 파괴되었다.

이렇게 오랫동안 계속된 전쟁은 산업과 농업의 기반시설을 완전히 파괴했고, 빈곤과 기아가 온 나라에 퍼졌는데, 북부 이탈리아가 가장 심각했다. 그러므로 1940년대 북부 이탈리아의 삶은 지독한 가난과 혹독함, 공동체의 파괴로 이웃과 친구들에 대한 불신으로 얼룩졌다(로나골드, 2012).

끼아라 루빅과 그녀의 친구들은 이렇게 비극적인 전쟁의 파괴 속에서 자신들의 꿈이 허무하게 무너져 내리는 상황에서도 하나님이 자신들 뿐 아니라 자신들의 이웃과 세상의 모든 사람들을 자신들처럼 무한히 사랑하고 계신다는 확신을 가지게 되었다. 이러한 확신 속에서 전쟁과 증오가 판치는 세상에 그리스도가 전해주는 복음의 메시지는 대화와 이해를 바탕으로 큰 사회혁명을 일으킬 수 있다는 점을 깨달았다.

초기에 끼아라 루빅과 그녀의 친구들은 운동을 의도하지는 않았고, 작은 공동체를 만들어서 복음에 따라 살려고 노력하였다. 트렌토의 가난한 사람들에게 자신들이 가지고 있는 것을 나누어주기 시작하였다. 이렇게 나누어주면서 그들은 "주어라 그러면 너희도 받을 것이다. 누르고 흔들어서 넘치도록 후하게 주실 것이다." 라는 예수님의 말씀이 실제로 실현되는 것을 체험하였다. 그들이 살았던 아파트 복도에는 밀가루와 기름 등 각종 생활용품이 언제나 가득했다(송영웅, 2012a).

1943년에 시작된 포콜라레운동은 1949년에 3,000명이 넘는 사람들이 이탈리아에서 참여했으며, 1952년에는 전 유럽으로, 1959년에는 북아메리카와 남아메리카로, 1966년에는 아프리카와 아시아로, 1967년에는 오세아니아로 전파되었다. 한국에서는 1969년 첫 포콜라레 본부가 출범했고 40주년을 맞은 2009년 현재 전국적으로 6개 본부와 피정센터 1곳을 운영하고 있으며, 2만2천여 회원들이 활동하고 있다.

5) 사회적 기업과 공유경제

사회적 기업은 사회혁신을 위한 기업조직으로서 기업적 운영원리로 재화와 서비스를 생산하여 사회적 가치를 창출함으로써 시장, 국가, 비영리 부문이 해결하지 못하는 사회적 과제를 해결한다. 공유경제는 본질적으로 사회적 가치가 비즈니스 활동에 내재된 모델이다. 예를 들면 자원공유 비즈니스는 자원을 대여하는 사람은 유휴자원을 활용하여 경제적 소득이 증가하고, 이용하는 사람은 비용을 절약하면서도 소비자 효용이 증대되며,

사회 전체적으로는 자원생산성을 높여 자원을 절약하고 추가생산에 따르는 각종 환경문제를 감소시킬 수 있다. 공유경제 원리는 사회문제 해결을 목표로 하는 사회적 기업의 비즈니스모델로 활용될 수 있다는 점에서 우리나라의 경우 많은 공유경제 기업이 사회적 기업의 형태로 운영되고 있다(라준영, 2014).

05 공유경제혜택

1. 관련연구

라준영(2014)는 공유경제형 사회적 기업으로 도시 청년들의 주거 문제를 해결하는 우주의 셰어하우스 비즈니스의 성공요인을 분석했다. 우주는 문화기획형 컨셉하우스라는 가치혁신을 통해 고객에게 물리적인 공간뿐만 아니라 문화적 가치와 컨텐츠가 통합된 주거생활 종합 솔루션을 제공하고 있다. 우주는 단순 임대서비스를 넘어서서 고객들에게 '비슷한 또래집단의 공동 주거생활'이라는 새로운 경험서비스를 제공하고 있다. 이러한 우주의 '차별화된 경험을 선사하는 종합 주거 솔루션'으로의 가치혁신은 양호한 수익구조를 보장하는 원천으로 기능한다. 수익모형을 분석한 결과 안정적인 수익이 예상되며, 이는 추가 확장을 위한 내·외부 자본 확보로 이어질 수 있다. 수익 구조 자체가 투자자의 투자를 받기 용이한 구조이고 모델의 복제가능성과 확장성이 높아 프랜차이즈형 비즈니스로 발전할 수 있기 때문이다. 다양한 셰어하우스 업체가 늘어나 일종의 공급시장을 형성할 경우 플랫폼형 비즈니스로 전환하여 셰어하우스의 영역을 노인, 도시빈민 등으로도 확장할 수도 있다.

후반반과 고영준(2019)는 문헌조사와 사례조사를 분석한 결과, 공유경제기반 관광을 활용하여 관광객들은 관광, 숙박, 가이드, 식사, 레저 등을 하는 동안 현지 주민들과 본격적인 접촉을 통해 전통적인 관광객들보다 더 깊은 체험을 할 수 있다는 사실을 발견했다. 또한, 한국을 방문한 중국 자유관광객들을 대상으로 한 인터뷰 결과 구매를 주목적으로 방문한 관광객들은 주로 묶음 판매와 구매 시간부족의 문제가 발생했고, 구경을 주목적으로 방문하는 경우 계속되는 사진 촬영으로 인해 관광 시간이 부족하고, 오락을 주목적으로 하는 경우는 가지고 온 설비가 휴대하기 불편하여 관광에 지장을 주는 것으로 나타났다. 이러한 문제를 해결하기 위해 구매를 주목적으로 방문한 관광객들을 위해서는 묶음 판매에 대한 부담을 줄이기 위해 주위 사람을 쉽게 찾고 연락할 수 있는 서비스와 이동편의를 줄 수 있는 서비스를 제공하고, 구경이 주목적인 관광객들에게는 실시간 통역서비스 등을 제공하고, 오락이 주목적인 관광객들을 위해서는 설비 대여서비스를 제공해야 하는 것으로 나타났다.

노재승(2017)은 모빌리티로서의 카쉐어링의 가치를 인지하고 향후 발전모델의 방향성에 대하여 고찰하였다. 카쉐어링은 차량 소유에 따른 부담감을 해소하고, 도심의 고질적인 교통문제를 완화하는데 가장 현실적인 미래 모빌리티로 여겨지고 있으며, ICT의 급격한 발전과 카쉐어링의 대표적 사용자층인 밀레니얼 세대로 대표되는 젊은 운전자들의 자동차에 대한 인식변화로 새롭게 발전하고 있다. 현재 도입단계에 있는 카쉐어링이 새로운 모빌리티로서의 가능성을 인정받고 확대되기 위해서는 기존의 왕복모델과 더불어 편도모델의 도입으로 인한 카쉐어링 시장의 급격한 성장세가 예견됨으로 사용자 중심의 공유기반 모빌리티 디자인연구가 이루어져야 할 것이다.

이한나, 김예지, 구철모, 정남호(2018)은 공유경제는 시장성을 확보하는 세 가지 영향력을 가지고 있다고 하였다. 첫째는 개인이 주체가 되는 공유경제 내부에서의 경제활동은 사회적, 문화적인 영향력을 통해 소비자의 자발적이고 직접적인 활동을 가능하게 하고, 다른 사람에게 영향력을 전달해 준다. 둘째는 사용하지 않는 유휴자원이나 가지고 있는 능력(운전기술 등)을 재활용하는 공유경제 사업모델은 소비자들이 참여하고 소비하는 영향력이 크다. 공유경제로 인한 부수적인 수입은 소비자들로 하여금 자금의 유연성을 높여준다. 공유경제는 이미 가지고 있는 자원을 이용한 안전한 투자전략으로 시장에서 개인의 창업을 활성화 시키며 그로 인하여 지역 사회에서 일자리 창출과 같은 경제적인 이익창출에도 기여한다. 셋째는 모바일 플랫폼 기반의 금융서비스는 소비자, 공급자, 중간기업간의 거래를 더욱더 활성화 시키고, 인터넷 기술의 혁신은 개인과 개인, 개인과 기업을 더욱 친밀하게 이어주는 시스템을 공유하며 공급자와 수요자 모두에게 가치를 제공한다.

김지형(2018)은 패션 공유경제는 전통적인 대량생산 및 대량소비 방식에서 벗어나 유휴 자원을 협력적으로 소비함으로써 상대적으로 적은 비용으로 자원의 순환적 이용을 가능하게 하고 패션 상품의 지속가능한 가치 창출에도 기여할 수 있다고 하였다. 이 연구는 공유경제 도입에 따른 패션 공유 플랫폼 구현을 위한 실질적인 가이드라인 제공을 목표로 이론적 고찰과 함께 사례 분석을 하였다. 선행연구를 기반으로 공유경제의 발생 배경 및 특징을 고찰하고, 공유경제의 자원과 유형을 분류하고, 패션 산업에서 공유경제의 실현 가능성에 대하여 논의하였다. 또한 '제품-서비스 시스템(product-service systems, PSS)의 국내외 패션 공유 플랫폼 사례 분석을 통해 특징과 현황을 파악하였으며, 렌트더런웨이, 에어클로젯, 프로젝트앤을 3가지 대표 사례로 선정하여 브랜드 정체성, STP 전략, 마케팅 믹스를 중심으로 분석하였다. 그 결과, 패션 공유 PSS는 공급자와 사용자 사이를 연결하는 제 3의 서비스 제공자로서 공유경제가 중점을 두는 효율적인 네트워크 구축은 물론 물류, 검수, 및 상품 관리에 집중하고 있다는 사실을 발견하였다. 패션 공유 PSS가 발전하기 위해서는 첫째, 패션 공유 PSS는 패션 상품을 사용자에게 배송하는 물류와 고객이 반납하는 상품을 수거하는 역물류를 효율적으로 구축하고 관리해야 한다. 둘째, 지속적인 재렌탈을 위해서 반송된 상품을 검수하고, 세탁하고, 보관하는 절차가 필수적이다. 셋째, 렌탈이 발생하기 위한 임계 규모, 즉 적정한 규모의 재고를 확보해야 시스템이 자립할 수 있는 추진력이 발생한다. 패션 공유경제는 협력적 소비를 바탕으로 다양한 스타일링을 경제적 가격으로 제공하여 소비자를 만족시키며, 현대의 가치소비, 경험소비 경향과 함께 지속가능성 추구의 일환으로 활용될 수 있다.

이윤선(2019)는 타인이나 사회의 책임으로부터 능동적이며 협력을 기반으로 하는 공유경제서비스의 기본이념과 연결되는 소비관점에서 카셰어링 서비스를 중심으로 소비자의 윤리적 자아정체성과 중개플랫폼의 신뢰성, 서비스효용이 소비자 만족도와 추천의도에 미치는 영향을 분석했다. 소비자의 윤리적 자아정체성, 중개플랫폼의 신뢰성, 서비스효용 모두 서비스만족도에 영향을 미치며, 추천의도에서는 중개플랫폼의 신뢰성과 쾌락적 효용만이 정적인 영향을 미치는 것으로 나타났다.

이희정(2018)은 소비절제 라이프스타일에 따라 상업적 공유경제 시스템에 대한 차별적 효용 인식을 살펴보고, 차별적 효용 인식이 공유 태도와 의도에 미치는 영향을 분석했다. 검소함과 자발적 간소화 라이프스타일은 각각 상업적 공유시스템의 사용효용과 반산업적 효용, 사회적 효용과 연관이 있는 것으로 나타났으며 강박적 소비절제는 사용효용에 부정적 영향을 주는 것으로 밝혀졌다. 상업적 공유시스템의 3가지 효용은 공유 태도에 긍정적 영향을 미치나 의도에는 영향을 미치지 못하고 태도를 매개하여 의도에 영향을 주는 것으로 나타났다.

곽수영과 이도영(2019)는 협력적 소비의 개념과 무역에서의 대금결제방식의 Bartering Exchange의 개념을 결합하여 비영리 공유경제 플랫폼의 활성화 방안을 위한 Bartering Exchange 체험 프로그램을 개발하였다. 이 프로그램을 통하여 새로운 제품을 소유함으로 느끼는 쾌락적 소비보다 경험과 사용에 더 의미를 부여하는 행복한 소비를 경험할 수 있다. 지나친 개별소유는 높은 경제적 비용뿐만 아니라 환경문제, 자원고갈 문제를 야기하므로 협력소비는 대안적 소비문화가 될 수 있다. 자원문제와 환경문제를 줄일 수 있는 공유 소비문화에 대한 소비자의 인식을 높일 수 있다.

최승원과 하민정(2018)은 공유경제를 통하여 지역경제와 지역

복지를 활성화시킬 수 있다고 하였다. 지자체, 주민, 지역공동체 및 지역커뮤니티, 공유기업, 공유단체, 복지단체, 자원봉사단체 등 지역 내의 다양한 구성원들이 참여하여 재화, 용역, 기술, 정보, 서비스 등 지역 내 유휴 자원들을 공유할 수 있는 지역공유 플랫폼을 구축・운영할 필요가 있다. 이를 통하여 주민들의 삶의 질 향상 및 복지향상에 기여할 수 있도록 지속적인 노력과 모니터링이 필요하며, 지역공유경제에 관한 정책을 수립함에 있어서도 지자체 차원에서 해결할 수 있는 공공데이터, 행정정보 등을 적극적으로 개방・공유하여 모든 지역 주민이 다양한 공유서비스를 제공받을 수 있어야 한다.

이상호(2019)는 벤클러의 공유경제 모델을 중심으로 비영리형 공유경제가 불평등을 완화하는 데 기여할 수 있는가를 분석했다. 비영리형 공유경제는 공유를 통해 빈부격차를 완화할 수 있는 가능성을 제공한다는 점에서, 대안적인 복지모델로 볼 수도 있다. 그러나 그는 공유경제가 주로 IT 영역에서 나타난다는 점을 인정하면서도 IT 영역 외부로까지 이 모델이 확대가능다고 주장한다. 또한 그는 공유경제와 상업경제의 양립가능성을 모색하면서도 공유경제의 확대 필요성을 언급한다. 그는 공유경제의 물질적 조건인 네트워크 외부효과 측면에서, IT 영역의 내부와 외부 사이에 상당한 차이가 존재함을 인정하고 공유경제와 상업경제의 양립가능성을 모색한다. 그는 IT영역 외부로 공유경제를 더욱 확장할 필요가 있다고 주장하는데, 그 방법이나 전략에 대해서는 구체적으로 언급하지 않았다.

황순재, 이은영, 이돈일(2018)은 공공건축의 공간 공유가치 유형들을 알아보고 그 특성을 도출하여 평가해 유휴공간 활용의

방향을 제시했다. 가치유형으로는 환경, 사회, 경제, 문화가치의 4가지가 도출되었으며, 세부 특성으로는 지속가능성, 이용성, 개방성, 공공성, 접근성, 경제성, 다양성, 지역성의 8가지가 도출되었다. 대상지의 사례분석 결과 공간 공유가치유형 중에서 환경가치가 가장 높게 나왔으며, 사회가치, 경제가치, 문화가치 순으로 측정되었다. 공간 공유가치 특성에서는 지속가능성과 이용성이 가장 높게 나왔으며, 개방성, 공공성, 접근성, 경제성이 뒤를 이었다. 그리고 전체적으로 지역성과 다양성의 점수가 가장 낮게 평가되었다. 합리적 가치 구매 중심의 소비문화 확산으로 현대 사회에 대한 공공의 역할은 더욱 증가하고 있으며, 다양한 기능과 목적을 수행하는 공공건축 활용에 대한 사회의 요구 또한 증가했다. 공공건축물은 행정의 본래 기능에서 나아가 사회가 요구하는 다양한 공공의 가치를 실현해야 하며 서비스를 통한 지역주민의 복지를 향상시키는 역할을 담당하고 있다.

2. 대학생 소비자의 공유경제 혜택

<표 5-1>에는 공유경제혜택을 요인분석한 결과가 제시되어 있다. 3개의 요인이 추출되었고, 3개 요인은 전체 분산의 64.532%를 설명해준다. 전체 분산의 25.740%를 설명해 주는 요인 1은 경제적인 혜택과 관련된 문항으로 구성되어 있기 때문에 경제적 혜택이라고 명명했고, 신뢰도는 .793으로 신뢰할 만한 수준임을 알 수 있다. 전체 분산의 23.741%를 설명해 주는 요인 2는 사회적으로 바람직한 내용과 관련된 문항으로 구성되어 있기

때문에 사회적 혜택이라고 명명했고, 신뢰도는 .774으로 신뢰할 만한 수준이다. 전체 분산의 15.071%를 설명해 주는 요인 3은 일자리창출 및 사회적 기업과 관련된 문항으로 구성되어 있기 때문에 산업적 혜택이라고 명명했다. 요인 3의 신뢰도는 .667로 나타났으나, 2문항으로 구성되었다는 점을 고려하면 크게 문제가 되지는 않는다고 할 수 있다.

〈표 5-1〉 공유경제혜택 요인분석

문항	요인1 경제적 혜택	요인2 사회적 혜택	요인3 산업적 혜택	공통성
1. 돈을 절약할 수 있어 경제적이다.	.802	.148	.048	.667
2. 실용적이다.	.757	.126	.080	.595
3. 자원을 공유함으로써 환경에 도움이 된다.	.744	.069	.198	.598
4. 융통성 있는 삶의 방식을 제공해 준다.	.740	.178	.152	.603
5. 지역사회의 중요한 구성원으로 느끼게 한다.	.146	.801	.123	.677
6. 나를 스마트하게 느끼게 해준다.	.118	.765	.095	.609
7. 사회적 책임감을 강하게 느끼게 한다.	.003	.754	.287	.651
8. 관대해서 자신과 다른 사람을 도울 수 있다.	.346	.652	.058	.547
9. 개인과 마을 단위로 시장참여를 통하여 노인, 주부, 비취업자 등과 같은 비경제층의 일자리를 창출할 수 있다.	.082	.172	.874	.800

10. 사회적 기업 활성화에 기여할 수 있다.	.307	.219	.750	.705
아이겐값	2.574	2.372	1.507	
분산(%)	25.740	23.741	15.071	
전체분산(%)	25.740	49.461	64.532	
Cronbach's α	.793	.774	.667	.858

〈표 5-2〉 공유경제혜택의 일반적 경향

변수	문항	평균(SD)
경제적 혜택	1. 돈을 절약할 수 있어 경제적이다.	4.91(1.24)
	2. 실용적이다.	4.81(1.14)
	3. 자원을 공유함으로써 환경에 도움이 된다.	4.94(1.22)
	4. 융통성 있는 삶의 방식을 제공해 준다.	4.73(1.16)
	7점 환산 점수	4.85(.93)
사회적 혜택	5. 지역사회의 중요한 구성원으로 느끼게 한다.	4.38(1.24)
	6. 나를 스마트하게 느끼게 해준다.	4.11(1.38)
	7. 사회적 책임감을 강하게 느끼게 한다.	4.27(1.29)
	8. 관대해서 자신과 다른 사람을 도울 수 있다.	4.51(1.17)
	7점 환산점수	4.32(.98)
산업적 혜택	9. 개인과 마을 단위로 시장참여를 통하여 노인, 주부, 비취업자 등과 같은 비경제층의 일자리를 창출할 수 있다.	4.32(1.19)
	10. 사회적 기업 활성화에 기여할 수 있다.	4.49(1.23)
	7점 환산 점수	4.40(1.04)

<표 5-2>에는 공유경제혜택의 일반적 경향이 제시되어 있다. 3개의 요인 모두 척도의 중간점인 4점대로 나타났는데, 경제적 혜택이 4.85점으로 가장 높았고, 산업적 혜택이 4.40점으로 두 번째로 높았고, 사회적 혜택은 4.32점으로 가장 낮았다. 문항별로 보면 “자원을 공유함으로써 환경에 도움이 된다.”가 4.94점으로 가장 높았고, “돈을 절약할 수 있어 경제적이다.”가 4.91점으로 두 번째로 높았고, “실용적이다.”가 4.81점으로 세 번째로 높았다, “나를 스마트하게 느끼게 해준다.”가 4.11점으로 가장 낮았고, “사회적 책임감을 강하게 느끼게 한다.”가 4.27점으로 두 번째로 낮았고, “개인과 마을 단위로 시장참여를 통하여 노인, 주부, 비취업자 등과 같은 비경제층의 일자리를 창출할 수 있다.”가 4.32점으로 세 번째로 낮았다.

<표 5-3>에는 사회인구학적 변수에 따라 공유경제의 경제적 혜택이 차이가 나는지를 분산분석한 결과가 제시되어 있다. 공유경제의 경제적 혜택은 월평균가계소득과 성별에 따라서는 P <.05 수준에서 의미있는 차이가 났으나, 월평균용돈과 아버지 직업에 따라서는 차이가 없었다. 공유경제의 경제적 혜택은 월평균가계소득이 600만원 이상인 집단이 400만원 미만인 집단보다 낮았으나, 400만원 미만인 집단과 400-500만원 미만인 집단 사이에는 차이가 없었고, 400-500만원 미만인 집단과 600만원 이상인 집단 사이에도 차이가 없었다. 공유경제의 경제적 혜택은 남자가 여자보다 높았다. <표 5-4>에 의하면 공유경제의 경제적 혜택은 일일 평균 인터넷 사용시간과 일주 평균 SNS 사용시간에 따라서는 차이가 없었다.

〈표 5-3〉 사회인구학적 변수에 따른 공유경제의 경제적 혜택

변수	범주	빈도	평균	sd	DUNKAN
월평균 가계소득	400만원 미만	140	4.99	0.832	a
	400-600만원 미만	158	4.83	0.983	ab
	600만원 이상	121	4.70	0.965	b
	F	3.000*			
월평균 용돈	30만원 미만	72	4.80	.942	
	30-40만원 미만	165	4.98	.979	
	40만원 이상	182	4.74	.878	
	F	3.040			
성별	남자	193	4.97	.84	
	여자	226	4.70	1.00	
	T	2.993*			
아버지 직업	사무전문직	157	4.87	.970	
	서비스판매직	85	4.84	1.067	
	기능노무직	177	4.82	.832	
	F	.098			

*p〈.05

〈표 5-4〉 인터넷과 SNS 사용시간에 따른 공유경제의 경제적 혜택

변수		빈도	평균	sd	DUNKAN
일일평균 인터넷 사용시간	2시간 미만	228	4.79	.966	
	2-4시간 미만	94	4.91	.863	
	4시간 이상	97	4.91	.924	
	F	.850			
일주평균 SNS 사용시간	1-3시간 미만	169	4.80	.958	
	3-5시간 미만	92	4.95	.854	
	5시간 이상	158	4.82	.953	
	F	.790			

〈표 5-5〉 디지털문화자본, 사회적 연결감, SNS 관계지향성에 따른 공유경제의 경제적 혜택

변수	범주	빈도	평균	sd	DUNKAN
디지털 문화자본	상(4.6이상)	92	5.12	1.062	a
	중(3.6-4.6미만)	223	4.80	.867	b
	하(3.5이하)	103	4.68	.912	b
	F	6.015**			
사회적 연결감	상(5.5이상)	140	4.94	.922	a
	중(4.5-5.5미만)	156	4.89	.910	a
	하(4.5이하)	121	4.65	.945	b
	F	3.670*			
SNS 관계지향성	상(5이상)	52	4.79	1.321	
	중(4-5미만)	161	4.89	.864	
	하(4미만)	206	4.82	.871	
	F	.334			

<표 5-5>에는 디지털문화자본, 사회적 연결감, SNS 관계지향성에 따라 공유경제의 경제적 혜택이 차이가 나는지를 분산분석한 결과가 제시되어 있다. 공유경제의 경제적 혜택은 디지털문화자본에 따라서는 P <.01 수준에서 의미있는 차이가 났고, 사회적 연결감에 따라서는 P <.05 수준에서 의미있는 차이가 났으나, SNS 관계지향성에 따라서는 차이가 없었다. 공유경제의 경제적 혜택은 디지털문화자본이 상인 집단이 중인 집단과 하인 집단보다 높았으나, 중인 집단과 하인 지반 사이에는 차이가 없었다. 공유경제의 경제적 혜택은 사회적 연결감이 상인 집단

과 중인 집단이 하인 집단보다 높았으나, 중인 집단과 하인 집단 사이에는 차이가 없었다.

〈표 5-6〉 사회인구학적 변수에 따른 공유경제의 사회적 혜택

변수	범주	빈도	평균	sd	DUNKAN
월평균 가계소득	400만원 미만	139	4.24	1.073	
	400-600만원 미만	157	4.43	.912	
	600만원 이상	121	4.27	.965	
	F	1.552			
월평균 용돈	30만원 미만	72	4.12	1.026	b
	30-40만원 미만	164	4.39	1.057	a
	40만원 이상	181	4.33	.889	ab
	F	1.905*			
성별	남자	193	4.25	1.052	
	여자	226	4.37	.919	
	T	1.344			
아버지 직업	사무전문직	156	4.34	.906	
	서비스판매직	85	4.38	1.067	
	기능노무직	176	4.25	1.010	
	F	.593			

*$p < .05$

<표 5-6>에는 사회인구학적 변수에 따라 공유경제의 사회적 혜택이 차이가 나는지를 분산분석한 결과가 제시되어 있다. 공유경제의 사회적 혜택은 월평균용돈에 따라서는 $P < .05$ 수준에

서 의미있는 차이가 났으나, 월평균가계소득, 성별, 아버지 직업에 따라서는 차이가 없었다. 공유경제의 사회적 혜택은 월평균 용돈이 30-40만원 미만인 집단이 30만원 미만인 집단보다 높았으나, 30-40만원 미만인 집단과 40만원 이상인 집단 사이에는 차이가 없었고, 30만원 미만인 집단과 40만원 이상인 집단 사이에도 차이가 없었다.

<표 5-7>에 의하면 공유경제의 사회적 혜택은 일일 평균 인터넷 사용시간에 따라서는 차이가 없었으나, 일주 평균 SNS 사용시간에 따라서는 P <.05 수준에서 의미있는 차이가 있었다. 공유경제의 사회적 혜택은 일주 평균 SNS 사용시간이 3-5시간 미만이 1-3시간 미만인 집단과 5시간 이상인 집단보다 높았으나, 1-3시간 미만인 집단과 5시간 이상인 집단 사이에는 차이가 없었다.

〈표 5-7〉 인터넷과 SNS 사용시간에 따른 공유경제의 사회적 혜택

변수	범주	빈도	평균	sd	DUNKAN
일일평균 인터넷 사용시간	2시간 미만	228	4.30	.996	
	2-4시간 미만	94	4.31	.992	
	4시간 이상	95	4.36	.954	
	F	.145			
일주평균 SNS 사용시간	1-3시간 미만	169	4.24	1.030	b
	3-5시간 미만	91	4.53	.896	a
	5시간 이상	157	4.28	.969	b
	F	2.898*			

*p〈.05

〈표 5-8〉 디지털문화자본, 사회적 연결감, SNS 관계지향성에 따른 공유경제의 사회적 혜택

변수	범주	빈도	평균	sd	DUNKAN
디지털 문화자본	상(4.6이상)	90	4.61	.986	a
	중(3.6-4.6미만)	223	4.32	.889	b
	하(3.5이하)	103	4.03	1.103	c
	F	8.745***			
사회적 연결감	상(5.5이상)	139	4.43	.951	a
	중(4.5-5.5미만)	155	4.32	.994	ab
	하(4.5이하)	121	4.14	.987	b
	F	2.899*			
SNS 관계 지향성	상(5이상)	52	4.50	1.009	a
	중(4-5미만)	160	4.48	.921	a
	하(4미만)	205	4.13	.998	b
	F	6.789***			

*p〈.05 ***p〈.001

<표 5-8>에는 디지털문화자본, 사회적 연결감, SNS 관계지향성에 따라 공유경제의 사회적 혜택이 차이가 나는지를 분산분석한 결과가 제시되어 있다. 공유경제의 사회적 혜택은 디지털문화자본과 SNS 관계지향성에 따라서는 P <.001 수준에서 의미있는 차이가 났고, 사회적 연결감에 따라서는 P <.05 수준에서 의미있는 차이가 났다. 공유경제의 사회적 혜택은 디지털문화자본이 상인 집단이 가장 높았고, 그 다음은 중인 집단이고, 하인 집단이 가장 낮았다. 공유경제의 사회적 혜택은 사회적 연결감

이 상인 집단이 하인 집단보다 높았으나, 상인 집단과 중인 집단 사이와 중인 집단과 하인 집단 사이에는 차이가 없었다. 공유경제의 사회적 혜택은 SNS 관계지향성이 상인 집단과 중인 집단이 하인 집단보다 높았으나, 상인 집단과 중인 집단 사이에는 차이가 없었다.

〈표 5-9〉 사회인구학적 변수에 따른 공유경제의 산업적 혜택

변수	범주	빈도	평균	sd	DUNKAN
월평균 가계소득	400만원 미만	140	4.38	1.212	
	400-600만원 미만	158	4.38	.882	
	600만원 이상	121	4.46	1.036	
	F	.213			
월평균 용돈	30만원 미만	72	4.35	1.179	
	30-40만원 미만	165	4.34	1.077	
	40만원 이상	182	4.48	.954	
	F	.853			
성별	남자	193	4.27	1.072	
	여자	226	4.50	1.010	
	T	2.226*			
아버지 직업	사무전문직	157	4.42	1.005	
	서비스판매직	85	4.39	1.202	
	기능노무직	177	4.38	1.002	
	F	.054			

<표 5-9>에 의하면 공유경제의 산업적 혜택은 성별에 따라서만 P <.05 수준에서 의미있는 차이가 났고, 월평균가계소득, 월평균용돈 및 아버지의 직업에 따라서는 차이가 없었다. 공유경제의 산업적 혜택은 여자 대학생이 남자 대학생보다 높았다.

〈표 5-10〉 인터넷과 SNS 사용시간에 따른 공유경제의 산업적 혜택

변수	범주	빈도	평균	sd	DUNKAN
일일평균 인터넷 사용시간	2시간 미만	228	4.31	1.060	
	2-4시간 미만	94	4.52	.990	
	4시간 이상	97	4.52	1.044	
	F	2.085			
일주평균 SNS 사용시간	1-3시간 미만	169	4.24	1.158	b
	3-5시간 미만	92	4.54	.973	a
	5시간 이상	158	4.49	.932	a
	F	3.537*			

*p〈.05

<표 5-10>에 의하면 공유경제의 산업적 혜택은 일일 평균 인터넷 사용시간에 따라서는 차이가 없었으나, 일주 평균 SNS 사용시간에 따라서는 P <.05 수준에서 의미있는 차이가 있었다. 공유경제의 산업적 혜택은 일주 평균 SNS 사용시간이 1-3시간 미만인 집단이 3-5시간 미만인 집단과 5시간 이상인 집단보다 낮았으나, 3-5시간 미만인 집단과 5시간 이상인 집단 사이에는 차이가 없었다.

<표 5-11>에는 디지털문화자본, 사회적 연결감, SNS 관계지향성에 따라 공유경제의 산업적 혜택이 차이가 나는지를 분산분

석한 결과가 제시되어 있다. 공유경제의 산업적 혜택은 디지털 문화자본과 사회적 연결감에 따라서는 P <.001 수준에서 의미있는 차이가 났으나, SNS 관계지향성에 따라서는 차이가 없었다. 공유경제의 산업적 혜택은 디지털문화자본이 상인 집단이 가장 높았고, 그 다음은 중인 집단이고, 하인 집단이 가장 낮았다. 공유경제의 산업적 혜택은 사회적 연결감이 상인 집단과 중인 집단이 하인 집단보다 높았으나, 상인 집단과 중인 집단 사이에는 차이가 없었다.

〈표 5-11〉 디지털문화자본, 사회적 연결감, SNS 관계지향성에 따른 공유경제의 산업적 혜택

변수	범주	빈도	평균	sd	DUNKAN
디지털 문화자본	상(4.6이상)	92	4.84	1.016	a
	중(3.6-4.6미만)	223	4.38	.973	b
	하(3.5이하)	103	4.07	1.069	c
	F	14.322***			
사회적 연결감	상(5.5이상)	140	4.48	.989	a
	중(4.5-5.5미만)	156	4.57	.943	a
	하(4.5이하)	121	4.07	1.155	b
	F	9.091***			
SNS 관계지향성	상(5이상)	52	4.62	.949	DUNKAN
	중(4-5미만)	161	4.45	1.003	
	하(4미만)	206	4.30	1.090	
	F	2.337			

***p〈.001

06 공유경제문제

1. 관련연구의 고찰

김형곤(2017)은 국내 공유숙박의 한 유형으로 볼 수 있는 외국인관광 도시민박업이 지니고 있는 문제점을 법과 제도위반, 사회적 갈등, 거래상위험 등으로 구분하고, 구체적인 문제점을 <표 6-1>과 같이 제시하였다.

김상태와 민웅기(2019)는 공유경제는 유휴자원을 이용하여 다양한 부가가치를 창출하고, 저렴한 비용으로 개인의 욕구실현을 가능하게 유지시키는 등 긍정적으로 사회에 기능하고 있다고 하였다. 그러나 공유경제는 이러한 긍정적인 사회적 순기능과 함께 기존 노동시장인구가 감소되는 현상, 점차 열악해지는 환경에서의 새로운 노동 인구 발생 문제, 기존 산업군과의 대립과 혼란, 부동산 가격상승, 안전과 관련된 문제, 사회 결속력의 감소 등 예상치 못한 사회적 역기능도 동시에 나타나고 있다. 따라서 관련 문제를 폭넓게 살펴보아야 하는데, 그 중에서 특히 최근 주목받고

〈표 6-1〉 외국인관광 도시민박업의 문제

유형	세부유형	내용
법과 제도 위반	미등록	• 등록가능 건축물이나 관련 숙박업종으로 신고를 하지 않고 영업 • 기준에 해당하지 않는 건축물을 대상으로 숙박공유 영업 (오피스텔, 고시원 등)
	등록 후 편법운영	• 허가없이 건물을 증축 또는 신축하거나 불법으로 용도변경하여 영업 • 내국인 대상 숙박영업 • 집주인이 등록한 숙박시설 내에 거주하지 않는 경우
사회적 갈등	지역 주민 갈등	• 소음, 교통혼잡, 불법 주정차, 쓰레기 무단투기 등 지역주민과 갈등 발생 • 주택소유주들이 단기 임대사업을 위해 기존 전월세 등의 장기 임대차계약 해지 • 단기 임대 투자자의 주택매입 수요 급증으로 주택가격 및 임대료 상승
	산업 갈등	• 불법영업에 의한 탈세로 인한 합법업소와의 부당경쟁 • 합법적으로 등록하여 운영하는 기존 사업자(호텔 등)와의 마찰
거래상 위험	절도 및 파손	• 투숙객이 호스트(공급자)의 물건을 훔치는 경우 • 투숙객이 숙박시설의 일부를 파손하거나 남용하는 경우
	신변 위험	• 감금, 살해위협 및 성폭행 피해 가능성 • 몰래카메라 등 사생활 침해 발생 가능성

출처: 김형곤(2017)

있는 숙박공유플랫폼을 둘러싼 사회문제를 성찰적으로 논의할 필요성이 제기되고 있다. 또한 그러한 문제점들을 해결하는 방향으로 공유경제 기반 관광경제시스템이 효과적으로 운영될 수 있는 다양한 정책적, 사회문화적 대안들이 마련되어야 할 것이다.

김민정(2017)은 공유경제는 유사한 서비스를 제공하는 기존거래를 일부분 위축시킬 우려가 있고, 정보비대칭성, 사후 처리의

불확실성, 플랫폼에 대한 신뢰 부족 등 거래위험을 수반하고, 부정적인 외부효과를 초래하여 사회적 안전을 해칠 수도 있다고 주장했다. 기존 공급자와 공유거래 공급자가 불공평한 규제를 받을 때 기존거래의 위축이 심화되고 문제가 된다.

이태원과 김경환(2019)는 중국의 공유경제 서비스 중 자전거 공유서비스에 대한 문제점을 분석했다. 자전거 공유서비스의 경쟁이 치열해지면서 공유경제 비즈니스모델의 축소판으로 시장은 여기고 있다. 이것이 수익악화의 원인이며 중국에서 가장 큰 자전거 공유기업인 오포위기의 원인임을 말해준다. 자본이 자전거 공유서비스에 집중되면서 100여 개에 달하는 업체가 난입하였고 이로 인해 운영, 관리상의 문제가 불거졌고 오포처럼 거대기업도 보증금 환불이 불가능한 문제가 나타났다.

기승도와 이규성(2017)은 우리나라 카쉐어링 업체는 높은 사고발생률로 인한 카쉐어링 관련 자동차보험제도의 불안정성 증가, 사고보상 사각지대로 인한 피해자와 가해자 사이의 갈등, 불법운행으로 인한 자동차사고 피해자 보호 문제, 카쉐어링 업체가 제공하는 자동차보험과 유사한 서비스 내용에 대한 소비자 불만 등 카쉐어링 관련 여러 문제가 발생하고 있다고 하면서 다음과 같은 해결책을 제시했다. 높은 사고발생률 문제를 해결하기 위해서는 카쉐어링 업체가 자체적으로 이용자 사고위험도를 반영한 보험료 차등 시스템을 구축하거나 사고위험도가 높은 이용자를 거절할 수 있는 제도를 도입해야 한다. 대물배상 보장한도를 1억원 초과로 확대하거나, 1억원을 초과하는 다양한 대물배상 한도를 이용자가 선택할 수 있도록 하는 방안을 검토할 필요가 있다. 운전자격확인시스템의 기능을 대면확인 수준으로 정밀하게 구축하고, 보험회사 또는 공제회사가 동일한 상품을 제공할 수 있도록 사회제도적으로 사고발생률을 낮추려는 노력과, 정책당국이 보험유사상품 표준약관을 제시할 필요가 있다.

천천(2019)에 의하면 중국에서 디디순펑(滴滴順風)차량 운전자의 승객 피살 사건으로 중국 공유경제의 가장 대표적인 유형인 카풀 서비스가 종결되었다. 공유자전거는 2017년도 이용자가 2억을 돌파했고 시장 규모는 102.8억 위안(약 1조 7,000억원)을 기록했다. 한창일 때는 30여 개의 공유자전거 업체가 있었으나 치열한 경쟁으로 인해 다수는 합병, 매수, 부도, 파산에 의해 시장에서 퇴출되었고, 결국 오포(ofo)와 모바이크(Mobike)가 전체 시장의 90% 이상을 점유했다. 다수 업체들이 줄줄이 시장에서 빠져나가면서 공유자전거의 창시자이자 업계의 유일한 유니콘 회사인 오포마저 가입자의 보증금 반환 문제로 어려움에 직면해 있다.

전우천(2017)은 공유경제 환경에서의 프라이버시 이슈를 다루었다. 공유경제에 대한 전반을 소개하고, 공유경제의 등장배경과 공유경제 환경에서의 프라이버시 침해사례를 소개하였다. 프라이버시를 위한 5가지 방안으로 프라이버시 보호를 위한 법과 제도의 정비, 프라이버시 보호를 위한 기술적 및 관리적 조치, 홈페이지에서의 프라이버시 노출 점검, 공유경제 포털 사이트의 설립, 프라이버시 교육기회 제공에 대해서 논의하였다.

2. 대학생 소비자의 공유경제 문제 인식

<표 6-2>에는 공유경제문제를 요인분석한 결과가 제시되어 있다. 3개의 요인이 추출되었고, 3개 요인은 전체 분산의 60.835%

를 설명해준다. 전체 분산의 29.341%를 설명해 주는 요인 1은 공유경제의 신뢰와 안전에 관련된 문항으로 구성되어 있기 때문에 신뢰와 안전 문제라고 명명했고, 신뢰도는 .823으로 높은 수준임을 알 수 있다. 전체 분산의 16.268%를 설명해 주는 요인 2는 산업에 미치는 부작용과 관련된 문항으로 구성되어 있기 때문에 산업적 부작용 문제라고 명명했고, 신뢰도는 .661로 약간 떨어지는 수준이나 문항수가 3개라는 점을 감안하면 크게 문제는 되지 않는다고 볼 수 있다. 전체 분산의 15.226%를 설명해 주는 요인 3은 인식장벽과 관련된 문항으로 구성되어 있기 때문에 인식장벽 문제라고 명명했다. 요인 3의 신뢰도는 .731로 높았다.

〈표 6-2〉 공유경제문제의 요인분석

문항	요인1 신뢰와 안전 문제	요인2 산업적 부작용 문제	요인3 인식장벽 문제	공통성
1. 거래의 안전과 품질을 보증받기 어렵다.	.756	.131	-.055	.592
2. 리뷰시스템이 표준화되어 있지 않아 신뢰하기 어렵다.	.728	.102	-.163	.568
3. 제품이나 서비스의 품질이 낮을 수 있다.	.727	.104	.067	.544
4. 인터넷을 통한 신분확인을 신뢰하기 어렵다.	.716	.077	-.127	.534
5. 공유경제 네트워크를 신뢰할 수 없다.	.702	.098	.243	.562
6. 사생활이 보호받지 못할 수 있다.	.702	-.002	.249	.544

7. 제조업과 전문서비스업이 쇠퇴할 수 있다.	.098	.760	.218	.635
8. 소비가 위축되어 일자리와 경제가 축소될 수 있다.	-.032	.741	.243	.609
9. 무자료거래 등으로 지하경제가 증가할 수 있다.	.293	.728	.012	.616
10. 소유 욕망을 채울 수 없는 공유경제는 저소득층의전유물이다.	-.002	.174	.845	.744
11. 공유경제는 불황기에만 일시적으로 호황을 누릴 수 있다.	.051	.220	.826	.734
아이겐값	3.228	1.789	1.675	
분산(%)	29.341	16.268	15.226	
전체분산(%)	29.341	45.609	60.835	
Cronbach's α	.823	.661	.731	.775

<표 6-3>에는 공유경제문제의 일반적 경향이 제시되어 있다. 요인별로 보면 신뢰와 안전문제가 5.07점으로 가장 높았고, 산업적 부작용 문제는 4.31점으로 두 번째로 높았고, 인식장벽문제가 3.89점을 가장 낮았다. 대학생들은 공유경제의 가장 큰 문제로 신뢰와 안전문제를 꼽고 있으므로 공유경제를 보다 활성화하기 위해서는 소비자와 공급자가 보다 더 신뢰할 수 있는 여러 가지 제도적 방안을 마련해야 할 것이다. “인터넷을 통한 신분확인을 신뢰하기 어렵다.”가 5.20점으로 가장 높았고, “거래의

안전과 품질을 보증받기 어렵다."가 5.15점으로 두 번째로 높았고, "리뷰시스템이 표준화되어 있지 않아 신뢰하기 어렵다."와 "사생활이 보호받지 못할 수 있다."가 각각 5.03점으로 세 번째로 높았다.

〈표 6-3〉 공유경제문제의 일반적 경향

변수	문항	평균(SD)
신뢰와 안전문제	1. 거래의 안전과 품질을 보증받기 어렵다.	5.15(1.26)
	2. 리뷰시스템이 표준화되어 있지 않아 신뢰하기 어렵다.	5.03(1.22)
	3. 제품이나 서비스의 품질이 낮을 수 있다.	5.01(1.26)
	4. 인터넷을 통한 신분확인을 신뢰하기 어렵다.	5.20(1.31)
	5. 공유경제 네트워크를 신뢰할 수 없다.	4.73(1.29)
	6. 사생활이 보호받지 못할 수 있다.	5.03(1.34)
	전체(7점 환산점수)	5.07(.93)
산업적 부작용 문제	7. 제조업과 전문서비스업이 쇠퇴할 수 있다.	4.17(1.36)
	8. 소비가 위축되어 일자리와 경제가 축소될 수 있다.	4.12(1.37)
	9. 무자료거래 등으로 지하경제가 증가할 수 있다.	4.62(1.29)
	전체(7점 환산점수)	4.31(1.04)
인식장벽문제	10. 소유 욕망을 채울 수 없는 공유경제는 저소득층의 전유물이다.	3.81(1.49)
	11. 공유경제는 불황기에만 일시적으로 호황을 누릴 수 있다.	3.98(1.43)
	전체(7점 환산점수)	3.89(1.29)

〈표 6-4〉 사회인구학적 변수에 따른 신뢰와 안전 문제

변수	범주	빈도	평균	sd	DUNKAN
월평균 가계소득	400만원 미만	140	4.92	.847	b
	400-600만원 미만	156	4.97	.913	b
	600만원 이상	121	5.22	1.002	a
	F	3.983*			
월평균 용돈	30만원 미만	71	4.95	.917	
	30-40만원 미만	164	5.09	.953	
	40만원 이상	182	4.99	.904	
	F	.751			
성별	남자	193	5.01	.983	
	여자	226	5.03	.875	
	T	.184			
아버지의 직업	사무전문직	155	5.01	.969	
	서비스판매직	85	5.05	.952	
	기능노무직	177	5.02	.877	
	F	.046			

*p〈.05

<표 6-4>에는 사회인구학적 변수에 따라 신뢰와 안전 문제가 차이가 나는지를 분산분석한 결과가 제시되어 있다. 대학생소비자의 공유경제에 대한 신뢰와 안전문제는 월평균가계소득에 따라서만 P<.05 수준에서 의미있는 차이가 있었고, 월평균용돈, 성별 및 아버지의 직업에 따라서는 차이가 없었다. 신뢰와 안전문제는 월평균가계소득이 600만원 이상인 집단이 400만원 미만인 집단과 400-600만원 집단보다 높았으나, 400만원 미만인 집단과 400-600만원 집단 간에는 차이가 없었다.

<표 6-5>에는 인터넷과 SNS 사용시간에 따라 신뢰와 안전 문제가 차이가 나는가를 알아보기 위하여 분산분석한 결과가 제시되어 있다. 대학생소비자들이 인식하고 있는 공유경제의 신뢰와 안전문제는 일일 평균 인터넷 사용시간에 따라서는 차이가 없었으나, 일주 평균 SNS 사용시간에 따라서는 P <.05 수준에서 의미있는 차이가 있었다. 공유경제의 신뢰와 안전 문제는 일주 평균 SNS 사용시간이 5시간 이상인 집단이 1-3시간 미만인 집단과 3-5시간 미만인 집단보다 높았으나, 1-3시간 미만인 집단과 3-5시간 미만인 집단 사이에는 차이가 없었다.

〈표 6-5〉 인터넷과 SNS 사용시간에 따른 신뢰와 안전 문제

변수	범주	빈도	평균	sd	DUNKAN
일일평균 인터넷 사용시간	2시간 미만	228	4.98	.946	
	2-4시간 미만	92	5.18	.875	
	4시간 이상	97	4.99	.916	
	F	1.585			
일주평균 SNS 사용시간	1-3시간 미만	169	4.94	.921	b
	3-5시간 미만	92	4.92	.896	b
	5시간 이상	156	5.19	.930	a
	F	3.767*			

*p〈.05

<표 6-6>에는 디지털문화자본, 사회적 연결감, SNS 관계지향성에 따라 신뢰와 안전 문제가 차이가 나는가를 알아보기 위하여 분산분석한 결과가 제시되어 있다. 대학생소비자들이 인식하고 있는 공유경제의 신뢰와 안전문제는 디지털문화자본에 따라

서는 차이가 없었고, 사회적 연결감에 따라서는 P<.001 수준에서, SNS 관계지향성에 따라서는 P<.05 수준에서 의미있는 차이가 났다. 공유경제의 신뢰와 안전문제는 사회적 연결감이 상인 집단이 가장 높았고, 그 다음은 중인 집단, 하인 집단이 가장 낮았다. 공유경제의 신뢰와 안전문제는 SNS 관계지향성이 상인 집단은 중인 집단보다 높았으나, 하인 집단과는 차이가 없었다. 신뢰와 안전문제는 SNS 관계지향성이 중인 집단과 하인 집단 사이에도 차이가 없었다.

〈표 6-6〉 디지털문화자본, 사회적 연결감, SNS 관계지향성에 따른 신뢰와 안전 문제

변수	범주	빈도	평균	sd	DUNKAN
디지털 문화자본	상(4.6이상)	91	5.17	.910	
	중(3.6-4.6미만)	223	5.00	.862	
	하(3.5이하)	102	4.95	1.062	
	F	1.477			
사회적 연결감	상(5.5이상)	138	5.19	.953	a
	중(4.5-5.5미만)	156	5.07	.859	b
	하(4.5이하)	121	4.75	.919	c
	F	8.095***			
SNS 관계지향성	상(5이상)	52	5.22	1.040	a
	중(4-5미만)	161	4.86	.824	b
	하(4미만)	204	5.10	.954	ab
	F	4.464*			

*p〈.05 ***p〈.001

〈표 6-7〉 사회인구학적 변수에 따른 산업적 부작용 문제

변수	범주	빈도	평균	sd	DUNKAN
월평균 가계소득	400만원 미만	140	4.06	1.077	b
	400-600만원 미만	157	4.30	.938	b
	600만원 이상	120	4.59	1.042	a
	F	8.601*			
월평균 용돈	30만원 미만	71	4.09	1.054	b
	30-40만원 미만	165	4.45	.986	a
	40만원 이상	181	4.26	1.058	b
	F	3.225*			
성별	남자	193	4.30	1.181	
	여자	226	4.30	.893	
	T	.089			
부직업	사무전문직	156	4.32	1.101	
	서비스판매직	85	4.43	1.022	
	기능노무직	176	4.21	.977	
	F	1.356			

*p〈.05

<표 6-7>에는 사회인구학적 변수에 따라 산업적 부작용 문제가 차이가 나는지를 분산분석한 결과가 제시되어 있다. 산업적 부작용 문제는 월평균 가계소득과 월평균용돈에 따라서는 p<.05 수준에서 의미있는 차이가 났으나, 성별과 아버지의 직업에 따라서는 차이가 없었다. 산업적 부작용 문제는 월평균 가계소득이 600만원 이상인 집단이 400만원 미만인 집단과 400-600만원 집단보다 높았으나, 400만원 미만인 집단과 400-600만원 집단

간에는 차이가 없었다. 산업적 부작용 문제는 월평균용돈이 30만원 미만인 집단과 40만원 이상인 집단이 30-40만원 미만인 집단보다 높았으나, 30만원 미만인 집단과 40만원 이상인 집단 간에는 차이가 없었다.

〈표 6-8〉 인터넷과 SNS 사용시간에 따른 산업적 부작용 문제

변수	범주	빈도	평균	sd	DUNKAN
일일평균 인터넷 사용시간	2시간 미만	228	4.23	.963	
	2-4시간 미만	94	4.45	1.073	
	4시간 이상	95	4.35	1.149	
	F	1.719			
일주평균 SNS 사용시간	1-3시간 미만	169	4.18	1.034	b
	3-5시간 미만	92	4.20	.999	b
	5시간 이상	156	4.51	1.031	a
	F	4.800*			

*p〈.05

<표 6-8>에는 인터넷과 SNS 사용시간에 따른 산업적 부작용 문제가 차이가 나는가를 알아보기 위하여 분산분석한 결과가 제시되어 있다. 대학생소비자들이 인식하고 있는 공유경제의 산업적 부작용 문제는 일일 평균 인터넷 사용시간에 따라서는 차이가 없었으나, 일주 평균 SNS 사용시간에 따라서는 P <.05 수준에서 의미있는 차이가 있었다. 공유경제의 산업적 부작용 문제는 일주 평균 SNS 사용시간이 5시간 이상인 집단이 1-3시간

미만인 집단과 3-5시간 미만인 집단보다 높았으나, 1-3시간 미만인 집단과 3-5시간 이상인 집단 사이에는 차이가 없었다. <표 6-9>에 의하면 산업적 부작용 문제는 디지털문화자본, 사회적 연결감, SNS 관계지향성에 따라서는 차이가 나지 않았다.

〈표 6-9〉 디지털문화자본, 사회적 연결감, SNS 관계지향성에 따른 산업적 부작용 문제

변수	범주	빈도	평균	sd	DUNKAN
디지털 문화자본	상(4.6이상)	91	4.43	.951	
	중(3.6-4.6미만)	222	4.31	.941	
	하(3.5이하)	103	4.18	1.266	
	F	1.517			
사회적 연결감	상(5.5이상)	139	4.42	1.142	
	중(4.5-5.5미만)	155	4.29	.903	
	하(4.5이하)	121	4.17	1.060	
	F	1.945			
SNS 관계지향성	상(5이상)	52	4.58	1.138	
	중(4-5미만)	161	4.31	.948	
	하(4미만)	204	4.22	1.064	
	F	2.596			

<표 6-10>에는 사회인구학적 변수에 따라 공유경제의 인식장벽문제가 나는지를 분산분석한 결과가 제시되어 있다. 공유경제의 인식장벽문제는 월평균용돈과 성별 따라서는 p<.05 수준에서 의미있는 차이가 났으나, 월평균가계소득 및 아버지의 직업

에 따라서는 차이가 없었다. 공유경제의 인식장벽문제는 월평균 용돈이 30만원 미만인 집단이 30-40만원 미만인 집단과 40만원 이상인 집단보다 낮았으나, 30-40만원 미만인 집단과 40만원 이상인 집단 사이에는 차이가 없었다. 공유경제의 인식장벽문제는 남자대학생이 여자대학생보다 높았다.

〈표 6-10〉 사회인구학적 변수에 따른 인식장벽문제

변수	범주	빈도	평균	sd	DUNKAN
월평균 가계소득	400만원 미만	140	3.74	1.288	
	400-600만원 미만	158	3.93	1.260	
	600만원 이상	121	4.02	1.333	
	F	1.670			
월평균 용돈	30만원 미만	72	3.51	1.234	b
	30-40만원 미만	165	4.00	1.295	a
	40만원 이상	182	3.94	1.293	a
	F	3.992*			
성별	남자	193	4.04	1.352	
	여자	226	3.75	1.228	
	T	-2.281*			
아버지의 직업	사무전문직	157	3.88	1.402	
	서비스판매직	85	4.11	1.321	
	기능노무직	177	3.78	1.167	
	F	1.805			

*p〈.05

<표 6-11>에는 인터넷과 SNS 사용시간에 따라 공유경제의 인식장벽 문제가 차이가 나는가를 알아보기 위하여 분산분석한 결과가 제시되어 있다. 대학생소비자들이 인식하고 있는 공유경제의 인식장벽 문제는 일일 평균 인터넷 사용시간에 따라서는 차이가 없었으나, 일주 평균 SNS 사용시간에 따라서는 $P < .05$ 수준에서 의미있는 차이가 있었다. 공유경제의 인식장벽 문제는 일주 평균 SNS 사용시간이 3-5시간 미만인 집단과 5시간 이상인 집단이 1-3시간 미만인 집단보다 높았으나, 3-5시간 미만인 집단과 5시간 이상인 집단 사이에는 차이가 없었다.

〈표 6-11〉 인터넷과 SNS 사용시간에 따른 인식장벽문제

변수	범주	빈도	평균	sd	DUNKAN
일일평균 인터넷 사용시간	2시간 미만	228	3.79	1.199	
	2-4시간 미만	94	4.00	1.323	
	4시간 이상	97	4.01	1.461	
	F	1.363			
일주평균 SNS 사용시간	1-3시간 미만	169	3.74	1.184	b
	3-5시간 미만	92	3.82	1.350	a
	5시간 이상	158	4.10	1.350	a
	F	3.489*			

*p〈.05

<표 6-12>에는 디지털문화자본, 사회적 연결감, SNS 관계지향성에 따라 공유경제의 인식장벽문제가 차이가 나는지를 분산분석한 결과가 제시되어 있다. 대학생소비자들이 인식하고 있는 공유

경제의 인식장벽문제는 디지털문화자본과 SNS 관계지향성에 따라서는 P<.01 수준에서 차이가 났으나, 사회적 연결감에 따라서는 의미있는 차이가 없었다. 대학생소비자들이 인식하고 있는 공유경제의 인식장벽문제는 디지털문화자본이 상인 집단과 중인 집단이 하인 집단보다 높았으나, 상인 집단과 중인 집단 사이에는 차이가 없었다. 대학생소비자들이 인식하고 있는 공유경제의 인식장벽 문제는 SNS 관계지향성이 상인 집단이 중인 집단과 하인 집단보다 높았으나, 중인 집단과 하인 집단 사이에는 차이가 없었다.

〈표 6-12〉 디지털문화자본, 사회적 연결감, SNS 관계지향성에 따른 인식장벽문제

변수	범주	빈도	평균	sd	DUNKAN
디지털 문화자본	상(4.6이상)	92	4.19	1.323	a
	중(3.6-4.6미만)	223	3.92	1.159	a
	하(3.5이하)	103	3.56	1.466	b
	F	6.078**			
사회적 연결감	상(5.5이상)	140	4.00	1.328	
	중(4.5-5.5미만)	156	3.84	1.264	
	하(4.5이하)	121	3.84	1.271	
	F	0.691			
SNS 관계지향성	상(5이상)	52	4.41	1.561	a
	중(4-5미만)	161	3.92	1.156	b
	하(4미만)	206	3.73	1.290	b
	F	6.036**			

**p〈.01

07 공유경제활동 참여의도

1. 공유경제활동 참여의도의 선행연구

김기연과 김홍규(2013)은 Q방법론을 적용한 해석학적 연구를 통해 공유경제 서비스에 대한 국내 소비자의 인식 및 주관성을 토대로 마케팅 전략수립을 위한 세분시장의 특성을 분석하였다는 점에서 학술적 의미가 있다. 이 연구는 제1유형 '제품 및 서비스 공유 및 교환 선호형', 제2유형 '협력적 생활양식 공유서비스 선호형', 제3유형 '재분배 공유서비스 선호형'의 소비자 세분화를 통해 현 시점에서 공유경제 비즈니스를 바라보는 소비자 인식 성향을 심도 있게 고찰하였다.

전수연과 박철(2013)은 공유경제의 대표적인 서비스 모델인 민박 플랫폼 사이트 Air B&B와 코자자(Kozaza), 렌트카 플랫폼 사이트 Zip-car와 쏘카(So car) 사례를 중심으로 사례연구를 통하여 이러한 플랫폼 사이트가 어떻게 서비스 및 제품의 정보를 얻으며 만족을 주고 합리적인 선택을 가능하게 하는지 분석하고,

그 결과를 바탕으로 온라인 공유경제 플랫폼 참여에 영향을 미치는 요인을 제시하였다.

김기연(2014)는 공유경제 시스템과 관련 비즈니스에 대한 한국인 소비자의 주관적 가치인식 및 행동적 특성유형을 탐색하였다. Q방법론을 통해 도출한 4개의 유형별 특징을 발견하여 해석적 관점에서 이론적 정의를 제시하였다. 한국은 창조경제라는 정책적 동인과 소셜 네트워킹 기반의 사회문화적 트렌드 변화에 힘입어 산업적으로 공유경제 프레임의 저변이 확대됨에 따라 학술적 연구도 증가하는 추세이다. 이 연구는 주제에 대한 응답자들의 주관성에 기초한 정의를 토대로 유형별 가치인식의 스키마를 심층적으로 분석하는데 초점을 두었다. 총 40개의 Q표본을 구성하여 소팅을 통해 유형화 한 집단들은 제1유형(사회지향 가치인식형), 제2유형(월드가든 가치인식형), 제3유형(실리추구 가치인식형), 제4유형(보수적 가치인식형)으로 명명하였다.

천혜정, 김시월, 이동일, 이지현(2014)는 기업의 사회적 책임 및 공유가치창출에 관한 국내외 문헌들을 고찰하면서 비교하고, 기업과 소비자라는 이해관계 당사자의 역할을 유형화하여 CSV와 소비자주의가 성공적으로 통합된 사례들을 분석하였으며, 분석을 통하여 핵심적인 가치를 도출하였다. 이 연구의 사례분석 대상은 국외의 경우 문구통신판매업체인 ASKUL(일본), 산지와 소비자를 연결하는 유통채널 업체인 Shop Channel(일본), 유휴 공간 제공자와 소비자를 연결하는 Airbnb,(미국), 그리고 한국의 경우 소비자의 자발적인 선지불운동인 미리내 운동이다. ASKUL은 소비자에게는 쓰레기 배출 비용을, 기업에게는 포장재 관련 비용을 절감시켜주는 배송방식의 변화를 통해 자원 재활용, 환경 보호, 편의성, 그리고 효율성이라는 가치를 창출하고 있었다. Shop Channel은 공적자원을 최대한 이용하여 소비자로부터 구매와 다양한 상품에 대한 제안을 유도하여 소비자만족과 신뢰를 얻었을 뿐 아니라 지역경제 활성화라는 가치를 창출한 것으로 평가할 수 있었다. Airbnb는 소비자간 연결 플랫폼을 제공하여 소유가 아닌 대여를 통해 환경주의, 공동체주의, 그리고 협동경제를 실천하고 있었다. 한편, 한국의 미리내운동은 소비자의 자발적인 선지불과 참여기업을 통해 간편하고 단순하지만 의미 있는 소비실천방식, 이를 통해 나눔, 공동체주의, 그리고 상대적 빈곤에 대한 사회적 관심으로까지 확장되는 모습을 보이고 있다.

정건섭, 조정복, 김성우(2015)는 카쉐어링 이용의도에 영향을 미치는 요인을 분석하였다. 대중교통의 이용빈도가 높은 경우 카쉐어링 서비스 이용의도가 높았다. 따라서 카쉐어링 수요를 대중교통 서비스와 어떻게 연계시킬 것인가에 대한 정책 대안이 동시에 마련되어야 한다. 수도권의 카쉐어링 서비스가 역세권을 중심으로 성공적으로 이루어지고 있다는 점을 감안할 때, KTX 철도 또는 시외버스 터미널 등 대중교통과 카쉐어링 간의 환승시스템 마련은 카쉐어링 수요를 촉진하기 위한 대표적 수단이 될 것이다.

임성택(2016)은 공유경제 숙박업의 SNS정보가 고객신뢰와 방문의도에 미치는 영향을 분석했다. 공유경제 숙박업의 SNS정보특성은 고객의 e신뢰와 방문의도에 유의한 영향을 주는 것으로 나타났다. SNS 정보특성 중에서 신뢰성이 e신뢰에 가장 큰 영향을 주는 것으로 나타났다. 방문의도에는 동의성이 가장 중요한 영향을 주는 요인이고, 지각된 위험은 관광객의 e신뢰와 방문의도사이에서 조절역할을 하는 것으로 나타났다.

이정수, 전희성, 정명선(2016)은 공유경제 서비스가 가지고 있는 특징을 고려하여 실증적인 분석모형을 개발하고, 공유경제의 이용의도에 영향을 미치는 요인들에 대한 분석 및 공유경제 서비스의 차별성을 반영하기 위하여 기술수용모형에 가격민감성과 신뢰성을 추가하고, 지각된 즐거움을 포함하여 확장된 기술수용모형을 활용한 연구를 수행하였다. 분석결과, 가격민감도, 자기효능감, 기술혁신성, 신뢰성, 지각된 유용성, 사용용이성, 지각된 즐거움 및 이용의도는 각각 서로 다른 방식으로 영향을 미치는 것으로 나타났다.

이지영과 여정성(2016)은 소유와 사용의 관점에서 협력적 소비와 공유경제 서비스의 차이점을 구분하였으며, 온라인 사이트에서 이루어지는 소비자간 거래를 중심으로 네 가지 측면에서 협력적 소비의 특징을 분석하였다. 또한 협력적 소비 참여 행태와 소비자인식을 알아보고, 협력적 소비 참여 의도에 영향을 미치는 요인에는 어떠한 것들이 있는지를 살펴보았다. 첫째, 지난 1년 동안 협력적 소비에 참여한 횟수를 조사한 결과, 협력적 소비를 한 번 이상 경험한 사람은 많지만 이를 꾸준히 실천하고 있는 사람의 비율은 낮은 것으로 나타났다. 이는 공유경제를 통해 시장의 규모를 키워나가고 있는 해외 상황과 달리, 국내에서는 협력적 소비가 활성화되기까지 다소 시간이 걸릴 것으로 보인다. 둘째, 협력적 소비에 참여함으로써 발생하는 어려움으로 드림/나눔은 물건의 품질문제가, 중고거래는 신뢰문제가, 물물교환은 정보 부족 문제가 주로 발생하였다. 그러므로 협력적 소비에 대한 소비자들의 참여를 높이기 위해서는 물건의 품질문제, 거래 상대방과의 신뢰문제, 정보 부족 문제 등을 보완할 수 있도록 대책을 마련해야 한다. 셋째, 혜택, 신뢰성, 친환경성에 대한 소비자인식 수준이 협력적 소비 유형별로 다르게 나타났으며, 경험자와 비경험자 사이에서도 유의미한 차이를 보였다. 특히 친환경성은 세 가지 유형에서 모두 높게 인식되고 있는 반면, 신뢰성은 상대적으로 낮게 인식되었다. 이처럼 협력적 소비에 대한 소비자인식 조사는 협력적 소비를 구성하는 여러 유형들의 특성을 보다 명확하게 파악할 수 있도록 도와주며, 기존의 소비자인식을 개선하는데 중요한 근거자료로 활용될 수 있다. 넷째, 응답자들 중 약 90%가 향후 협력적 소비에 참여할 의사가 있으며, 협력적 소비에 대한 경험여부와 혜택, 친환경성에 대한 소비자인식이 참여의도에 영향을 미치는 것으로 나타났다.

김해중, 박종우, 조동혁(2016)은 공유경제 서비스의 성공을 서비스 수용 후 지속적 사용으로 규정하고 서비스 이용 경험에서 지속적인 이용에 영향을 미치는 요인과 그 요인 간의 인과적 관계를 실증적으로 검증하였다. 지각된 가치와 네트워크 외부성은 신뢰 및 만족에 모두 의미있는 영향을 미쳤고, 지각된 위험은 신뢰에 의미있는 영향을 미치는 것으로 나타났다. 또한 신뢰는 만족과 지속이용의도에 모두 유의한 영향을 미쳤고, 만족 또한 지속이용의도에 의미있는 영향을 미치는 것으로 나타났다. 그리고 지각된 가치와 위험, 그리고 네트워크 외부성은 신뢰와 만족을 매개하여 지속이용의도에 의미있는 영향을 미치는 것으로 나타났다.

심수진(2016)은 공유경제 서비스의 사용자 및 잠재적 사용자를 대상으로 서비스 사용의도에 영향을 미치는 요인을 분석했다. 공유경제 서비스의 사용의도에 대한 동기요인으로 제시한 경제적 혜택, 사회적 편익, 그리고 커뮤니티 효과는 모두 통계적으로 유의한 결과가 나타났다. 이 중 사회적 편익의 영향 정도가 가장 높게 나타났으며, 다음으로 경제적 혜택, 커뮤니티 효과의 순으로 나타났다. 공유경제 서비스를 사용함으로써 환경 및 지구의 지속가능성을 향상시키고자 하는 행동의 표현과 일자리 창출 및 경제 활성화 등 사회적 효과에 대한 기대가 공유경제 서비스 사용의 가장 큰 동기요인이다. 공유경제 서비스의 사용의도에 대한 저해요인으로 제시한 사회적 위험 중 신뢰 문제와 저품질 인식은 통계적으로 유의한 영향을 미치는 것으로 나타났다. 나쁜 품질의 제품 및 서비스 제공에 대한 우려와 안전한 서비스에 대한 불신을 크게 인지할수록 사용자들의 사용 의도는 낮았다. 특히 저품질 인식의 영향 정도가 신뢰의 문제보다 더 높게 나타나 비용절감 차원의 저급한 품질 수준이라는 인식이 클수록 사용의도는 낮아진다는 점을 확인할 수 있었다. 그러나 서비스 사용으로 인한 경제적, 법·제도적인 문제점인 사회적 위험 요인에 대한 인식은 공유경제 서비스 사용의도에 의미있는 영향을 미치지 않는 것으로 나타났다.

박미혜(2016)은 현상학적 연구방법을 사용하여 아동의류 온라인 공유경제 서비스를 이용하는 서울과 경기도에 거주하는 11명의 소비자들을 대상으로 개별 심층면접을 실시하였다. 연구분석의 결과 총 9개의 범주와 20개의 주제를 도출하였다. 범주화는 '내가 찾던 서비스', '합리적 구매의 효용', '보물찾기와 보물기다리기', '높은 기업신뢰', '이해와 불만사이', '효율적인 자원

사용', '온라인에서 오가는 정', '현명한 소비자이자 부모', '소유에서 사용으로'가 추출되었다. 협력소비의 경험을 포괄하는 본질은 "경제적 구매의 합리와 자원순환의 윤리를 충족시키는 실속과 관계와 재미가 있는 만족감"으로 규정하였다. 참여자들은 아동의류 공유소비의 필요성에 대해 평소에 인식하고 있었다. 무엇보다 경제적 측면에 대해 만족하였으며 좋은 제품이 등록되기를 기대하였다. 공유기업에 대한 높은 신뢰를 가지고 거래를 하고 있었으며 기업가치에 대하여 동조하는 경향을 보였다. 이용하면서 다소 불만을 경험하거나 기업에 대한 아쉬움과 바램이 있었으나 기업측의 입장을 이해하고자 하였다. 구매뿐만 아니라 작아진 옷의 처분에도 의미를 두고 있어 자원순환과 환경적인 측면에서 바람직하다고 인식하였다. 온라인상의 커뮤니티를 통하여 소통과 공감을 하며 공유소비를 하는 자신에 대해 긍정적인 자아정체감을 형성하고 있었다. 다양한 협력소비경험이 있었으며 가치소비를 하며 소유보다는 사용이나 경험소비에 더 중요성을 두는 경향을 보였다. 또한 아동의류 공유서비스 이용이 공유경제에 대한 인식이 높아지는 계기가 되었음을 발견할 수 있었다.

이중원과 박철(2016)은 공유서비스 이용 후 만족도와 향후 이용의도에 관해서 조사하였다. 공유서비스 사용자를 대상으로 조사한 결과 신뢰와 효용(실용적, 쾌락적)이 서비스 이용만족에 유의한 영향을 미쳤으며, 만족도는 향후 이용의도에 영향을 미쳤다. 또한 업체의 프로모션 제공은 만족도와 이용의도간을 유의하게 조절하였다. 즉, 만족한 고객에게 프로모션(마일지리, 쿠폰 등)을 제공할수록 향후 이용의도는 더 높아졌다.

주덕(2016)은 대전시를 방문하는 관광객을 대상으로 공유숙박 이용의사와 숙박시설 선택속성간의 관계를 분석하였다. 식음료. 인적서비스의 요인은 공유숙박 이용의도에 통계적으로 유의한 영향을 미치는 것으로 나타났으며, 접근성, 구매합리성, 물리적 시설 등의 요인은 공유숙박 이용의도에 통계적으로 유의한 영향을 미치지 않았다.

이인남, 이영우, 신건철(2017)은 공유경제 서비스 시대에 온·오프라인 채널을 통한 공유경제 서비스를 소비자가 구매하려는 의도에 미치는 속성요인을 분석하고, 전환 장벽에 따른 조절역할을 분석하였다. 온라인 채널을 통한 공유경제 서비스는 소비자의 구매의도에 부정적인 영향을 미치는 위험성을 제외한 기능성, 정보성, 용이성은 긍정적인 영향요인으로 확인되었으며, 오프라인 채널에서 반응성, 신뢰성, 공감성, 구체성은 구매의도에 긍정적인 영향을 미치는 속성요인으로 나타났다. 한편 소비자의 전환 장벽에 따른 채널 선택속성요인이 소비자의 구매의도에 미치는 영향의 경우에는 전환비용에 대한 지각차이에 따른 채널의 선택속성요인이 조절효과를 미치는 것으로 나타났다.

윤정환, 이상준(2017)은 숙박공유서비스에 대한 지각된 가치와 위험 그리고 네트워크 효과가 공유서비스 이용의도에 미치는 영향을 분석하였다. 숙박공유서비스에 대한 경제적·경험적 가치는 매개변수인 유용성과 신뢰에 양의 영향을 미치는 것으로 나타났다. 숙박공유서비스에 대한 호혜적 가치는 매개변수인 신뢰에 양의 영향을 미치지만, 유용성에는 영향을 미치지 않는 것으로 나타났다. 숙박공유서비스에 대한 지각된 위험은 매개변수인 신뢰에 음의 영향을 미치지만, 유용성에는 음의 영향을 미치지 않는 것으로 나타났다. 숙박공유서비스의 네트워크 효과는 매개변수인 유용성에 양의 영향을 미치지만, 신뢰에는 영향을 미치지 않는 것으로 나타났다. 숙박공유서비스에 대한 신뢰는 유용성에 양의 영향을 미치는 것으로 나타났다. 숙박공유서비스에 대한 유용성과 신뢰는 공유서비스 이용의도에 모두 양의 영향을 미치는 것으로 나타났다. 숙박공유서비스에 대한 신뢰와 유용성이 이용의도에 미치는 영향관계에서 이용경험에 따른 조절효과를 검증하기 위해 다중집단분석을 실시한 결과 신뢰와 유용성의 경로 그리고 유용성과 이용의도의 경로에서 조절효과가 있는 것으로 나타났다. 신뢰와 유용성, 유용성과 이용의도 사이에 숙박공유서비스 이용경험집단이 미경험집단 보다 양의 영향을 더 크게 미치는 것으로 나타났다.

이승신(2017)은 합리적 행동이론을 적용하여 소비자들의 공유경제서비스 이용의도에 영향을 미치는 주요 변수들을 분석했다. 공유경제 가치 요인을 살펴본 결과, 합리적 혜택 가치와 감성적 혜택 가치가 추출되었다. 소비자들의 공유경제 가치 수준은 보통보다 조금 높은 것으로 나타났다. 요인별로 살펴보면 합리적 혜택가치가 감성적 혜택가치보다 높은 것으로 나타났다. 또한 공유경제 가치 중 합리적 혜택 가치에 유의미한 차이를 보이는 변수는 성별, 결혼여부, 학력, 월평균 소득, 공유경제 이용경험이었다. 공유경제 가치 중 감성적 혜택 가치는 연령, 결혼여부, 거주지, 학력, 월평균 소득, 공유경제 이용경험에 따라 차이가 났다. 공유경제 관여도 수준은 보통보다 약간 높은 것으로 나타났고, 공유경제 관여도는 성별, 연령, 결혼여부, 학력, 직업, 월평균 소득, 공유경제 이용경험에 따라 차이가 있었다. 합리적 행동

이론의 구성 개념으로서 행동에 대한 태도는 보통 이상의 수준을 보여 소비자들은 합리적 공유경제서비스행동에 대해 비교적 긍정적인 태도를 갖고 있었다. 행동에 대한 태도는 성별, 연령, 결혼여부, 학력, 직업, 월평균 소득, 공유경제 이용경험에 따라 차이가 났다. 준거집단의 유형을 분류해 보았을 때 친구·동료, 가족의 순으로 영향을 미치고 있는 것으로 나타났다. 주관적 규범은 연령, 결혼여부, 학력, 월평균 소득, 공유경제 이용경험에 따라 차이가 났다. 공유경제 서비스 이용의도는 보통 이상의 수준으로 나타났다. 공유경제 서비스 이용의도는 연령, 결혼여부, 학력, 월평균소득, 공유경제 이용경험에 따라 차이가 났다. 또한 공유경제 서비스 이용의도는 공유경제 가치 중 합리적 혜택 가치와 감성적 혜택 가치, 공유경제 관여도에 따라 유의한 차이를 보였고, 행동에 대한 태도, 주관적 규범에 따라서도 유의한 차이를 보였다. 공유경제 서비스 이용의도에 대해 제 변수들의 상대적 영향력을 파악해본 결과 주관적 규범, 공유경제서비스 이용태도, 공유경제 관여도, 공유경제 가치 중 감성적 혜택 가치가 높을수록 공유경제 이용의도가 더 높은 것으로 나타났다. 공유경제 이용경험이 있는 경우보다 이용경험이 없는 경우 공유경제 이용의도가 더 낮은 것으로 나타났다.

윤아영, 김성민, 구철모(2017)은 기대불일치 이론에 근거하여 자전거공유서비스의 경험에 따른 지속적인 이용의도를 알아보고 이 관계에서 사회적 상호작용의 조절효과를 검증하였다. 자전거공유서비스의 '기대-성과-불일치' 관계를 분석한 결과, 이용 전 서비스에 대한 높은 기대는 실제 이용 후 성과에 긍정적인 영향을 미치며, 결과적으로 기대와 성과 모두 긍정적 불일치에 유의한 영향을 미치는 것으로 나타났다. '성과-불일치-만족'의 관계는 불일치가 성과와 만족 간의 완전매개역할을 하는 것으로 검증되었는데, 이는 공유경제서비스 이용 후 소비자가 지각한 성과는 긍정적 불일치를 증가시킴으로써 결과적으로 만족도를 향상시키는 결과를 초래한다고 해석하였다.

전종근, 이태민, 정수연, 박철(2017)은 카셰어링 서비스에 대하여 소비자의 지각된 가치 및 지각된 위험이 공유경제 서비스 이용의도에 미치는 영향을 분석하였다. 또한 카셰어링 서비스는 기존에 없던 새로운 형태의 서비스이므로 서비스의 특성뿐만 아니라 개인의 특성 요인으로 소비자혁신성의 영향을 고려하였다. 분석결과, 카셰어링 서비스에서 소비자는 지각된 경제적 가치와 지각된 사회적 가치가 높을수록 이용의도가 높았으며, 지각된 제품희소성위험이 클수록 이용의도가 낮았다. 또한 소비자혁신성은 지각된 제품희소성위험이 카셰어링 이용의도에 미치는 영향에 조절효과가 있었다.

신건호, 박규홍, 박용진, 안재현(2017)은 C2C 공유경제 플랫폼에서는 기존의 플랫폼들과는 달리 하나의 자원을 사용자와 공급자가 공유하기 때문에, 사용자와 공급자가 더욱 긴밀한 관계를 맺게 되지만 각기 다른 역할과 비대칭적 정보를 가지고 플랫폼에 참여하게 된다. 따라서 C2C 공유경제 플랫폼의 리더십을 추구하는 기업들은 양면시장에서의 사용자와 공급자 간의 차이, 특히 정보의 비대칭성을 고려한 전략적 접근이 필요하다. 이 연구에서는 수요 및 공급자들의 플랫폼 참여의도가 신뢰, 인지된 위험, 인지된 경제적 이익 등의 선행 요인들에의하여 어떻게 영향을 받으며, 두 집단간에 어떤 차이점이 있는지를 분석하였다. 연구결과, 신뢰와 인지된 위험 그리고 인지된 경제적 이익은 사용자 집단에 따라 플랫폼 참여의도에 각각 다르게 영향을 미치는 것으로 검증되었다.

이예진과 윤지환(2017)은 Airbnb를 대상으로 아직까지 Airbnb를 이용해본 경험이 없는 관광객이 향후 Airbnb를 이용함에 있어 어떠한 요소들을 중요하게 고려하는지를 파악하기 위한 연구를 하였다. 구체적으로 이들이 공유숙박 이용에 대한 결정을 내리기까지의 심리 프로세스를 목표지향적 행동 이론을 기반으로 규명하였다. 그리고 잠재적 이용자들이 Airbnb 이용 과정에서 장애물로 인지할 수 있는 위험 요소를 플랫폼 위험과 호스트 위험으로 구분하여 추가하였다. 연구 결과, 소비자의 태도, 주관적 규범, 긍정적/부정적 기대감정은 열망을 통해 Airbnb 이용의도에 정적 영향을 미친다는 점을 확인할 수 있었다. 인지된 위험의 경우, 개인이 인지하는 플랫폼 위험은 호스트 위험에는 정적 영향, 열망에는 부적 영향을 미쳤고, 호스트 위험은 Airbnb 이용의도에 부적 영향을 미쳤다.

박수경과 이봉규(2018)은 일과 삶의 균형의 향상수단으로 공유경제가 주목받고 있으나, 다수의 예측처럼 공유경제가 일과 삶의 균형 향상을 위한 긍정적인 수단이 될 수 있는지를 숙박공유 서비스 참여자를 심층면접을 하여 분석하였다. 공유경제는 일과 삶의 균형을 향상시킬 수 있으며 실제로 일부 참여자들에게 있어 일의 유연성 확보, 가정과의 조화와 같은 긍정적인 변화를 가져다주기도 하였다. 그러나 동시에 일과 삶의 균형이 모호하게 함으로써 새로운 스트레스를 유발시키기도 하고, 과도한 감정노동에 노출시키기도 한다. 그러므로 일과 삶의 균형 수단으로 공유경제에 참여하기에 앞서, 개인은 자신의 일과 삶의 가치관에 대한 충분한 검토를 수행해야 한다. 막연하게 낙관적으로 바라보기보다는 자신이 일을 통하여 얻고자 하는 가치, 자신의 일과 삶에 대한 가치관 등을 면밀히 살펴보고 공유경제 활동에 참여해야 한다.

김진한과 강우성(2018)은 숙박서비스 이용동인을 소비가치로 하여 이용의도에 미치는 영향을 네트워크 효과의 매개효과와 공유형 숙박서비스와 호텔서비스의 조절된 매개효과를 통해 실증분석을 하였다. 소비가치는 이용의도에 모두 유의미한 영향을 미치는 것으로 나타났다. 소비가치 중 인지된 위험을 제외하고 네트워크 효과에 정적 영향을 미치는 것으로 나타났으며 네트워크 효과도 이용의도에 정적 영향을 미치는 것으로 나타났다. 그리고 네트워크 효과의 매개효과는 모두 유의미한 것으로 나타났다. 한편 경제적 가치에 대해서는 호텔서비스가 더 강하게 조절하는 것으로 나타났고, 유희적 가치와 인지된 위험, 네트워크 효과는 에어비앤비가 더 강하게 조절하였다.

조은주와 서상혁(2018)은 공유경제 서비스를 이용하는 국내소비자의 이용의도에 미치는 공유경제 서비스의 특성요인을 알아보고자 하였다. 또한 지속가능한 발전에 대한 개인의 지향성이 실제로 공유경제서비스의 지각된 가치와 이용의도에 유효한 영향을 주는지도 알아보고자 하였다. 연구 결과 공유경제 서비스의 특성요인인 지각된 유용성과 주관적 규범, 지각된 위험 그리고 개인의 특성인 지속가능 지향성이 공유경제 서비스 이용의도에 영향을 미치는 것으로 나타났다. 그리고 개인은 지각된 유용성을 통해 감성적 가치를 느끼고 이를 통해 이용의도에 가장 크게 영향을 미쳤다.

최경숙과 박명숙(2018)은 협력적 소비 제공 의도와 이용 의도를 기준으로 소비자 유형을 분류하고, 각 군집 유형별로 인지된 위험, 신뢰, 기대 혜택(감정적 혜택, 경제적 혜택, 사회적 혜택), 태도를 중심으로 예측 요인을 분석하였다. 협력적 소비의 제공 의도 보다 이용 의도를 더 높게 인식하고 있는 것으로 나타났으며, 제공의도는 성별, 연령, 협력적 소비 경험에 따라, 이용 의도는 성별과 협력적 소비 경험에 따라 집단 간 차이를 보였다. 협력적 소비의 제공 의도와 이용 의도를 중심으로 소비자를 유형화한 결과, 제공 의도와 이용의도가 모두 높은 적극적 집단(39.3%: 집단1), 제공 의도와 이용 의도가 보통 수준을 보인 중간 집단(27.9%: 집단2), 제공 의도와 이용 의도가 모두 낮은 소극적 집단(32.8%: 집단3) 세 집단으로 유형화되었다. 각 군집유형에 대한 예측 요인을 분석한 결과, 중간 집단(집단2)과 비교해 적극적 집단(집단1)으로 속할 가능성을 높여주는 특성 요인으로는 여성, 신뢰, 태도인 것으로 나타났다. 남성보다 여성이, 신뢰가 높을수록, 태도가 호의적일수록 적극적 집단(집단1)으로 속할 가능성이 높은 것으로 나타났다. 소극적 집단으로 속할 가능성을 높여주는 특성 요인으로는 협력적 소비 제공과 이용 모두 경험, 인지된 위험, 기대 혜택 중 감정적 혜택, 그리고 태도인 것으로 나타났다. 협력적 소비 제공과 이용 경험이 적을수록, 인지된 위험이 높을수록, 기대 혜택 중 감정적 혜택을 적게 기대할수록, 태도가 비호의적일수록 소극적 집단(집단3)으로 속할 가능성이 높은 것으로 나타났다. 적극적 집단과 소극적 집단으로 속할 가능성을 높여주는 공통적 특성 요인은 태도인 것으로 나타났다.

김나영과 이태민(2018)은 공유경제 환경에서 공유소비에 대한 지각된 경제적 가치, 정서적 가치, 사회적 가치가 공유소비의도에 미치는 영향력을 공유상품유형(재화 vs. 서비스) 간에 비교분석하였다. 실증분석 결과 공유소비에 대한 지각된 경제적 가치, 정서적 가치, 사회적 가치는 모두 공유소비의도에 유의한 영향을 미치는 것으로 나타났으며, 지각된 사회적 가치의 영향력이 가장 큰 것으로 확인되었다. 공유상품유형(재화 vs. 서비스) 간 비교 분석결과 지각된 정서적 가치가 공유소비의도에 미치는 영향력은 서비스 공유보다 재화 공유의 경우에 더 큰 것으로 나타났으며, 지각된 사회적 가치가 공유소비의도에 미치는 영향력은 재화 공유보다 서비스 공유의 경우가 더 큰 것으로 확인되었다. 반면에 지각된 경제적 가치가 공유소비의도에 미치는 영향력은 재화 공유와 서비스 공유 간에 차이가 없는 것으로 나타났다.

심관섭과 양동우(2019)는 에어비앤비와 같은 P2P(peer to peer) 공유숙박 플랫폼을 소비하면서 얻는 소비가치 및 위험과 공유숙박 공급 참여의도 간에 어떠한 관계가 있는지와 소비자 혁신성이 이 관계에 조절효과가 있을 것인가를 실증분석하였다. 연구결과, 첫째, 공유숙박의 소비가치 중 경제적 가치, 문화적 가치, 거래의 가치는 공급 참여의도에 유의한 정적인 영향을 주었으나, 사회적 가치는 공급 참여의도에 유의한 영향을 주지 않았다. 둘째, 공유숙박의 소비위험 중 시설·안전 위험은 공급 참여의도에 유의한 부적인 영향을 주었으나, 경제적 위험은 공급 참여의도에 유의한 영향을 주지 않았다. 셋째, 소비자혁신성은 공유숙박의 소비가치와 위험이 공유숙박 공급 참여의도에 미치는 영향을 조절하지 않는 것으로 나타났다.

이현진과 박현정(2019)는 공유경제의 대표적 사례인 숙박공유 플랫폼 서비스를 중심으로 공유경제 서비스 이용의도에 영향을 미치는 요인을 밝혀냈다. 나아가 공유경제 이용의도를 사용자(guest)로서의 이용의도와 제공자로서의 이용의도로 나누어 영향요인을 각각 분석하였다. 연구결과, 협력적 규범, 경제적 혜택, 명예적 보상이 사용자의 이용의도에, 경험개방성, 경제적 혜택, 명예적 보상이 제공자의 이용의도에 영향을 미치는 것으로 나타났다. 그리고 두 집단의 이용의도에 영향을 미치는 요인 간 차이를 비교한 결과, 경제적 혜택은 사용자로서의 이용의도에 더 큰 영향을 미치고, 명예적 보상은 제공자로서의 이용의도에 더 큰 영향을 미치는 것으로 나타났다.

김병재(2019)는 중국 공유경제, 그 중에서도 공유자전거 시장을 대상으로 하여 공유자전거 이용 만족도와 재이용, 구전 의도에 미치는 서비스 요인과 소비자 요인이 무엇이며, 이들의 영향력이 어떠한지를 조사하였다. 공유자전거 서비스 요인인 경제적 가치와 편재성, 신뢰성 그리고 소비자 요인인 주관적 규범, 친환경의식을 독립변수로, 만족도 및 재이용의도와 구전의도를 종속변수로 하여 실증분석을 실시하였다. 주요 결과로는 공유자전거 서비스 요인인 경제적 가치, 편재성, 신뢰성은 만족도에 정적인 영향을 미쳤고, 소비자 요인인 주관적 규범, 친환경의식은 만족도에 정적인 영향을 미쳤고, 만족도는 재이용의도와 구전의도에 정적인 영향을 미쳤으며, 재이용의도는 구전의도에 정적인 영향을 미쳤다.

2. 대학생 소비자의 공유경제활동 참여의도

〈표 7-1〉 공유경제활동 참여의도 요인분석

문항	요인1 재분배 참여	요인2 협력적 생활양식 참여	요인3 정보공유 참여	공통성
1. 디지털 콘텐츠 스트리밍 다운서비스	.797	.048	.193	.674
2. 재능/관심사/취미를 기부하거나 공유하는 서비스	.720	.285	-.062	.604
3. 지혜, 경험, 정보 등을 공유하는 지식 및 재능 공유서비스	.703	.271	-.025	.568
4. 클라우딩 컴퓨터 보관 및 저장 서비스	.695	.054	.171	.515
5. 공정여행이나 소셜 트립 플랫홈을 통해 정보와 여행경험을 공유하는 프로그램	.619	.371	.102	.531
6. 육아나 노인 돌보기 역할을 서로 나누어 담당하는 돌봄 공유 서비스	.110	.817	.143	.701
7. 일상적인 집안일을 도와주는 일손 나눔 서비스	.236	.733	.185	.628
8. 차를 함께 타는 카풀서비스	.170	.709	.260	.599
9. 리조트와 별장을 대여하는 공유플랫홈	.372	.628	.112	.545
10. 이야기를 공유하는 온라인 잡지서비스	.241	.012	.778	.663
11. 내 집의 남는 방을 민박으로 공유하는 숙박공유서비스	-.148	.329	.698	.617
12. 지역 주민이 직접 참여하는 관광객 여행가이드 서비스	.171	.373	.643	.582
아이겐값	2.858	2.648	1.721	
분산(%)	23.820	22.066	14.345	
전체분산(%)	23.820	45.886	60.231	
Cronbach's α	.801	.800	.766	.845

<표 7-1>에는 공유경제활동의 참여의도를 요인분석한 결과가 제시되어 있다. 3개의 요인이 추출되었고, 3개 요인은 전체 분산의 60.231%를 설명해준다. 전체 분산의 23.820%를 설명해 주는 요인 1은 재분배 참여와 관련된 문항으로 구성되어 있기 때문에 재분배 참여라고 명명했고, 신뢰도는 .801로 높은 수준임을 알수 있다. 전체 분산의 22.066%를 설명해 주는 요인 2는 협력적생활양식과 관련된 문항으로 구성되어 있기 때문에 협력적 생활양식이라고 명명했고, 신뢰도는 .800으로 높았다. 전체 분산의 14.345%를 설명해 주는 요인 3은 정보공유 참여와 관련된 문항으로 구성되어 있기 때문에 정보공유 참여라고 명명했고, 요인 3의 신뢰도는 .766으로 높았다.

<표 7-2>에는 공유경제활동 참여의도의 수준이 제시되어 있다. 요인별로 보면 재분배 참여가 4.85점으로 가장 높았고, 협력적 생활양식 참여는 4.24점으로 중간이고, 정보공유 참여는 3.96점으로 가장 낮았다. 문항별로 보면, "지혜, 경험, 정보 등을 공유하는 지식 및 재능 공유서비스"가 5.05점으로 가장 높았고, "재능/관심사/취미를 기부하거나 공유하는 서비스"가 5.02점으로 두 번째로 높았고, "디지털 콘텐츠 스트리밍 다운서비스"와 "공정여행이나 소셜 트립 플랫홈을 통해 정보와 여행경험을 공유하는 프로그램"이 각각 4.79점으로 세 번째로 높았다.

〈표 7-2〉 공유경제활동 참여의도의 수준

변수	문항	평균(SD)
재분배 참여	1. 디지털 콘텐츠 스트리밍 다운서비스	4.79(1.36)
	2. 재능/관심사/취미를 기부하거나 공유하는 서비스	5.02(1.34)
	3. 지혜, 경험, 정보 등을 공유하는 지식 및 재능 공유서비스	5.05(1.29)
	4. 클라우딩 컴퓨터 보관 및 저장 서비스	4.60(1.35)
	5. 공정여행이나 소셜 트립 플랫홈을 통해 정보와 여행경험을 공유하는 프로그램	4.79(1.42)
	전체(7점 환산점수)	4.85(1.01)
협력적 생활양식 참여	6. 육아나 노인 돌보기 역할을 서로 나누어 담당하는 돌봄 공유 서비스	4.20(1.55)
	7. 일상적인 집안일을 도와주는 일손 나눔 서비스	4.09(1.46)
	8. 차를 함께 타는 카풀서비스	4.17(1.58)
	9. 리조트와 별장을 대여하는 공유플랫홈	4.48(1.44)
	전체(7점 환산점수)	4.24(1.19)
정보공유 참여	10. 이야기를 공유하는 온라인 잡지서비스	4.24(1.46)
	11. 내 집의 남는 방을 민박으로 공유하는 숙박공유서비스	3.44(1.63)
	12. 지역 주민이 직접 참여하는 관광객 여행가이드 서비스	4.20(1.42)
	전체(7점 환산점수)	3.96(1.14)

〈표 7-3〉 사회인구학적 변수에 따른 대학생 소비자의 재분배 참여의도

변수	범주	빈도	평균	sd	DUNKAN
월평균 가계소득	400만원 미만	139	5.01	.997	a
	400-600만원 미만	157	4.80	.929	ab
	600만원 이상	120	4.74	1.099	b
	F	2.637*			
월평균 용돈	30만원 미만	72	4.91	1.002	
	30-40만원 미만	164	4.90	1.082	
	40만원 이상	180	4.78	.937	
	F	.766			
성별	남자	193	4.72	1.062	
	여자	226	4.96	.947	
	T	2.334*			
아버지의 직업	사무전문직	156	4.90	.970	
	서비스판매직	84	4.90	1.068	
	기능노무직	176	4.77	1.011	
	F	.841			

*p〈.05

<표 7-3>에는 사회인구학적 변수에 따라 대학생 소비자의 재분배 참여의도가 차이가 나는지를 분산분석한 결과가 제시되어 있다. 대학생 소비자의 재분배 참여의도는 월평균가계소득과 성별에 따라서는 P<.05 수준에서 의미있는 차이가 났으나, 월평균용돈과 아버지의 직업에 따라서는 차이가 없었다. 재분배 참여의도는 월평균가계소득이 400만원 미만인 집단이 600만원 이상인 집단보다 높았으나, 400만원 미만인 집단과 400-600만원 미만인 집단 사이와 400-600만원 미만인 집단과 600만원 이상인 집단 사이에는 차이가 없었다. 재분배 참여의도는 여학생이 남학생보다 높았다. <표 7-4>에 의하면 대학생 소비자의 재분배 참여의도는 일일 평균 인터넷 사용시간과 일주 평균 SNS 사용시간에 따라서는 차이가 없었다.

〈표 7-4〉 인터넷과 SNS 사용시간에 따른 재분배 참여의도

변수	범주	빈도	평균	sd	DUNKAN
일일평균 인터넷 사용시간	2시간 미만	228	4.79	.979	
	2-4시간 미만	94	4.86	1.025	
	4시간 이상	94	4.96	1.056	
	F	.945			
일주평균 SNS 사용시간	1-3시간 미만	168	4.81	.993	
	3-5시간 미만	91	4.98	.919	
	5시간 이상	157	4.81	1.068	
	F	1.059			

〈표 7-5〉 디지털문화자본, 사회적 연결감, SNS 관계지향성에 따른 재분배 참여의도

변수	범주	빈도	평균	sd	DUNKAN
디지털 문화자본	상(4.60이상)	90	5.32	.958	a
	중(3.6-4.6미만)	222	4.78	.858	b
	하(3.50이하)	103	4.57	1.196	b
	F	15.314***			
사회적 연결감	상(5.50이상)	139	4.95	1.094	a
	중(4.5-5.5미만)	155	4.96	.974	a
	하(4.50이하)	120	4.60	.908	b
	F	5.455**			
SNS 관계 지향성	상(5이상)	52	4.54	1.250	b
	중(4-5미만)	158	4.93	.856	a
	하(4미만)	206	4.86	1.036	a
	F	2.981*			

*p〈.05 **p〈.01 ***p〈.001

<표 7-5>에는 디지털문화자본, 사회적 연결감, SNS 관계지향성에 따라 재분배 참여의도가 차이가 나는지를 분산분석한 결과가 제시되어 있다. 재분배참여의도는 디지털문화자본에 따라서는 $p<.001$ 수준에서, 사회적 연결감에 따라서는 $p<.01$ 수준에서, SNS 관계지향성에 따라서는 $p<.05$ 수준에서 의미있는 차이가 났다. 재분배참여의도는 디지털문화자본이 상인 집단이 중인 집단과 하인 집단보다 높았으나, 중인 집단과 하인 집단 사이에는 차이가 없었다. 재분배참여의도는 사회적 연결감이 상인 집단과 중인 집단이 하인 집단보다 높았으나, 상인 집단과 중인 집단 사이에는 차이가 없었다. 재분배참여의도는 SNS 관계지향성이 상인 집단이 중인 집단과 하인 집단보다 낮았으나, 중인 집단과 하인 집단 사이에는 차이가 없었다.

〈표 7-6〉 사회인구학적 변수에 따른 협력적 생활양식 참여의도

변수	범주	빈도	평균	sd	DUNKAN
가계소득	400만원 미만	140	4.36	1.178	a
	400-600만원 미만	156	4.30	1.111	ab
	600만원 이상	121	4.03	1.285	b
	F	2.720*			
월평균 용돈	30만원 미만	72	4.20	1.265	
	30-40만원 미만	165	4.21	1.259	
	40만원 이상	180	4.28	1.098	
	F	.209			
성별	남자	193	4.17	1.207	
	여자	226	4.29	1.177	
	T	1.001			
부직업	사무전문직	157	4.24	1.224	
	서비스판매직	84	4.34	1.252	
	기능노무직	176	4.19	1.133	
	F	.489			

*p〈.05

<표 7-6>에는 사회인구학적 변수에 따라 협력적 생활양식 참여의도가 차이가 나는지를 분산분석한 결과가 제시되어 있다. 대학생 소비자의 협력적 생활양식 참여의도는 월평균가계소득에 따라서는 P<.05 수준에서 의미있는 차이가 났으나, 월평균용돈, 성별 및 아버지의 직업에 따라서는 차이가 없었다. 협력적 생활양식 참여의도는 월평균가계소득이 400만원 미만인 집단이 600만원 이상인 집단보다 높았으나, 400만원 미만인 집단과 400-600만원 미만인 집단 사이와 400-600만원 미만인 집단과 600만원 이상인 집단 사이에는 차이가 없었다.

<표 7-7>에 의하면 대학생 소비자의 협력적 생활양식 참여의도는 일일 평균 인터넷 사용시간과 일주 평균 SNS 사용시간에 따라서는 차이가 없었다.

〈표 7-7〉 인터넷과 SNS 사용시간에 따른 협력적 생활양식 참여

변수	범주	빈도	평균	sd	DUNKAN
일일평균 인터넷 사용시간	2시간 미만	227	4.22	1.191	
	2-4시간 미만	94	4.30	1.159	
	4시간 이상	96	4.23	1.231	
	F	.165			
일주평균 SNS 사용시간	1-3시간 미만	168	4.35	1.084	
	3-5시간 미만	92	4.27	1.159	
	5시간 이상	157	4.10	1.307	
	F	1.753			

<표 7-8>에는 디지털문화자본, 사회적 연결감, SNS 관계지향성에 따라 협력적 생활양식 참여의도가 차이가 나는지를 분산분석한 결과가 제시되어 있다. 협력적 생활양식 참여의도는 디지털문화자본에 따라서는 $p<.001$ 수준에서, SNS 관계지향성에 따라서는 $p<.01$ 수준에서 의미있는 차이가 났으나, 사회적 연결감에 따라서는 차이가 없었다. 협력적 생활양식 참여의도는 디지털문화자본이 상인 집단이 가장 높았고, 하인 집단이 가장 낮았다. 협력적 생활양식 참여의도는 SNS 관계지향성이 중인 집단이 하인 집단보다 높았으나, 중인 집단과 하인 집단 사이와 상인 집단과 중인 집단 사이에는 차이가 없었다.

〈표 7-8〉 디지털문화자본, 사회적 연결감, SNS 관계지향성에 따른 협력적 생활양식 참여

변수	범주	빈도	평균	sd	DUNKAN
디지털 문화자본	상(4.60이상)	91	4.70	1.116	a
	중(3.6-4.6미만)	222	4.22	1.109	b
	하(3.50이하)	103	3.87	1.304	c
	F	12.152***			
사회적 연결감	상(5.50이상)	140	4.32	1.419	
	중(4.5-5.5미만)	156	4.24	1.061	
	하(4.50이하)	119	4.15	1.064	
	F	0.681			
SNS 관계 지향성	상(50이상)	52	4.35	1.306	ab
	중(4-5미만)	159	4.47	.941	a
	하(4미만)	206	4.03	1.298	b
	F	6.461**			

**p〈.01 ***p〈.001

〈표 7-9〉 사회인구학적 변수에 따른 정보공유참여의도

변수	범주	빈도	평균	sd	DUNKAN
가계소득	400만원 미만	140	4.09	1.188	
	400-600만원 미만	158	3.89	1.108	
	600만원 이상	121	3.90	1.135	
	F	1.337			
월평균 용돈	30만원 미만	72	3.94	1.104	
	30-40만원 미만	165	3.82	1.173	
	40만원 이상	182	4.09	1.124	
	F	2.419			
성별	남자	193	3.93	1.151	
	여자	226	3.98	1.135	
	T	.368			
부직업	사무전문직	157	4.09	1.145	
	서비스판매직	85	4.00	1.333	
	기능노무직	177	3.82	1.031	
	F	2.544			

<표 7-9>와 <표 7-10>에 의하면 정보공유 참여의도는 사회인구학적 변수와 인터넷과 SNS 사용시간에 따라서는 차이가 없었다. <표 7-11>에 의하면 정보공유참여의도는 디지털문화자본과 SNS 관계지향성에 따라서는 p<.001 수준에서 의미있는 차이가 났으나, 사회적 연결감에 따라서는 차이가 없었다. 정보공유참여의도는 디지털문화자본이 상인 집단이 중인 집단과 하인 집단에 하여 높았으나, 중인 집단과 하인 집단 사이에는 차이가 없었다. 정보공유참여의도는 SNS 관계지향성이 상인 집단과 중인 집단이 하인 집단에 하여 높았으나, 상인 집단과 중인 집단 사이에는 차이가 없었다.

〈표 7-10〉 인터넷과 SNS 사용시간에 따른 정보공유참여

변수	범주	빈도	평균	sd	DUNKAN
일일평균 인터넷 사용시간	2시간 미만	228	3.92	1.179	
	2-4시간 미만	94	4.04	1.091	
	4시간 이상	97	3.97	1.118	
	F	.389			
일주평균 SNS 사용시간	1-3시간 미만	169	3.88	1.084	
	3-5시간 미만	92	4.17	1.068	
	5시간 이상	158	3.92	1.238	
	F	2.091			

〈표 7-11〉 디지털문화자본, 사회적 연결감, SNS 관계지향성에 따른 정보교환 참여의도

변수	범주	빈도	평균	sd	DUNKAN
디지털 문화자본	상(4.6이상)	92	4.50	1.026	a
	중(3.6-4.6미만)	223	3.85	1.126	b
	하(3.5이하)	103	3.72	1.140	b
	F	14.426***			
사회적 연결감	상(5.5이상)	140	3.97	1.322	
	중(4.5-5.5미만)	156	3.97	1.083	
	하(4.5이하)	121	3.94	1.004	
	F	0.028			
SNS 관계 지향성	상(5이상)	52	4.25	1.059	a
	중(4-5미만)	161	4.17	.991	a
	하(4미만)	206	3.71	1.227	b
	F	9.634***			

***p〈.001

08 공유경제 활성화를 위한 과제에 대한 요구

위워크, 우버, 에어비앤비 등 세계적인 유망 기업으로 꼽힌 공유경제 업체들이 실적 악화 등으로 휘청이고 있다. 성장성과 수익성 등에 대한 의구심이 커지는 가운데 이들 기업은 대규모 감원 등 구조조정에 몰리고 있다. 세계 최대 사무실 공유업체인 위워크는 전체 직원의 13%인 2000명을 2019년 10월에 해고했다. 월스트리트저널(WSJ)에 따르면 2019년 초 470억달러(약 55조원)로 평가받은 위워크의 기업가치는 2019년 10월엔 140억달러(약 16조원) 수준으로 하락했다.

세계 최대 공유차량 기업 우버도 비용 절감을 위해 대규모 감원을 하고 있고, 2019년 2분기 순손실이 분기 기준 역대 최대인 52억달러에 달했다. 큰 기대를 받았던 우버의 음식 배달 서비스인 우버이츠는 미국 현지에서 시장점유율 3위에 머물러 있다. 숙박 공유업체 에어비앤비도 2019년 1분기 손실이 3억600만달러(약 3588억원)로 2018년 동기 대비 두 배 수준이다(한국경제 2019년 10월 21일).

이재중 쏘카 대표와 쏘카 법인 등은 2018년 10월 8일부터 2019년 10월 17일까지 타다 앱을 통해 쏘카 소유의 11인승 승합차 1천500대로 무면허 여객자동차운송사업을 하고, 자동차대여사업자의 사업용 렌터카를 사용해 유상으로 여객운송을 한 혐의를 받았다. 재판부는 타다 승합차를 소유한 쏘카와 모바일 앱으로 호출한 타다 이용자 사이에 모빌리티 플랫폼을 통한 승합차 임대차계약이 성립했다고 해석해 무죄를 선고했다. '다른 사람의 수요에 응한 자동차대여사업의 유상 여객 운송'에 면허 없는 다인승 콜택시 영업뿐만 아니라 타다 서비스와 같이 운전자 알선이 허용되는 범위의 승합차 임대차까지 포함한다고 해석하는 것은 형벌법규를 지나치게 확장 혹은 유추해석해 죄형법정주의의 원칙에 어긋나는 것이라고 판단했다. 실시간 호출이 이뤄지는 승합차 렌터카 기반 모빌리티 서비스의 특수성을 고려할 때, 플랫폼을 통한 타다 서비스가 여객을 유상운송하는 것과 같은 경제적 효과가 발생했다고 할 수 없다고 평가했다(ZDNet Korea, 2020년 2월 19일). 그러나 여객자동차운수사업법 개정안이 국회 본회의를 통과하면서 렌터카 활용 범위가 좁아졌고, 타다는 현행 방식대로 사업을 이어나갈 수 없게 됐다. 타다는 2020년 4월 11일부터 타다 베이직 서비스를 무기한 중단하기로 했다. 쏘카의 이재웅대표도 경영일선에서 물러났다.

1. 공유경제 지원정책

이경민, 배채윤, 정남호(2018)은 공유경제 생태계 내 구성원 간의 다면적 역학 관계를 연결시키는 통합시스템인 공유경제 생태계 정책 프레임워크를 <그림 8-1>과 같이 제시했다.

〈그림 8-1〉 공유경제 생태계의 주요 정책 프레임워크

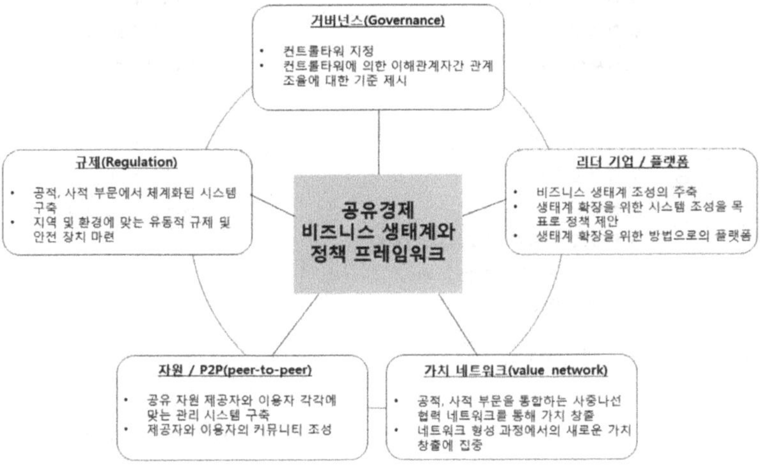

출처: 이경민, 배채윤, 정남호(2018)

김형균(2013)은 공유경제를 활성화하기 위한 시책을 <그림 8-2>와 같이 장소공유, 물건공유, 지식공유, 교통공유로 나누어서 제시했다.

〈그림 8-2〉 공유경제 시책

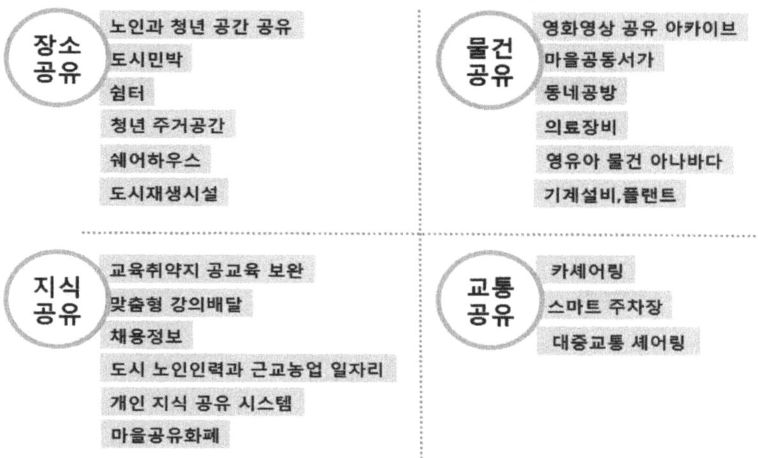

출처: 김형균(2013)

김형균(2013)은 공유경제를 발전시키기 위해서는 다음과 같은 종합지원체계를 구축해야 한다고 주장했다.

① 스타트업 지원체계 구축

- 공유기업 행정·재정적 지원 및 우수 스타트업 기업에 대한 컨설팅 지원
- 공유경제 펀드 조성을 통해 창업기업을 안정적으로 지원
- 공유기업 통합 플랫폼 구축·운영을 통해 이용 접근성 제고
- 공공자원 및 시설을 공유기업에 우선 개방 : 공유기업하기 좋은 도시 지원체계를 구축

② 인력양성 및 네트워크 지원체계

- 공유경제 관련 인력 및 전문가 양성 프로그램 운영
- 공유경제기업 간 네트워크 형성 지원
- 의식 개선과 공유문화 분위기 확산을 위한 교육프로그램 제공

③ 제도적 지원체계

- 공유경제 촉진 법률제정 건의와 조례 제정 : 내국인 민박업, 주거지역 민박등록 제한, 개인차량 영업용 제한, 식품위생법 등
- 공유기업 인증제 도입으로 건실한 기업 육성 지원
- 공유경제 기반의 사회적 기업·마을기업·협동조합 창업 시 재정적 인센티브 제공
- 공공자산을 공유기업이 활용할 수 있도록 제도적 근거를 마련해 적극적으로 재원 절약
- 공유경제 지원센터 설립·운영

김민정(2017)은 공유경제를 안정적으로 성장시키기 위한 제도적 기반을 마련하기 위해서는 공유경제의 특수성과 규제 형평성을 함께 고려하고, 거래규모에 연동되는 형태의 규제를 적용해야한다고 주장했다. 거래량연동 규제의 실효성을 확보하기 위해서는 플랫폼에 대한 의무를 부과하고, 거래위험 문제에 있어서 정부정책은 보완적인 역할을 하되, 플랫폼에 대한 규제 위주로 이루어지는 것이 바람직하다고 하였다.

피에르 뷔쏭 퀘벡주 경제혁신부 이코노미스트에 의하면 캐나다 퀘벡주의 정부에서는 우버나 에어비엔비 같은 플랫폼 대기업들이 퀘벡 경제에 미치는 영향과 문제를 분석하고 더 나은 방

향을 제시하기 위해 20018년 2월 공공정책 워킹그룹을 출범했다. 워킹그룹은 시민을 대상으로 온라인 설문조사를 진행하고, 여러 차례 회의를 거쳐 보고서를 작성했다. 피에르는 워킹그룹 프로젝트를 통해 얻은 교훈 5가지를 다음과 같이 제시했다(이로운넷, 2019년 10월 17일).

- 이해관계자들 간에 분열을 초래할 수 있다는 점에서 새로운 현실을 정의하기 위해 너무 많은 시간을 소비하면 안 된다. 예를 들어 공유경제에 포함된 것과 되지 않은 것을 따지기보다 몇 가지 요소를 간략하게 설정한 후 진행해야 한다.
- 신속하게 공유경제의 주체를 파악하고, 각 주체가 원하는 걸 파악해야 한다. 공유경제 주체 사이에 중요한 이슈, 생태계 주체들의 활동 현황 등을 정확하게 이해해야 한다.
- 개방성, 공정성, 효율성, 공익 등 4가지 원칙에 맞는 가이드라인을 사용해야 한다.
- 공공당국의 주요 역할을 파악하고, 공유경제의 사업모델을 변화시킬 때, 모든 이해관계자가 잘 따를 수 있는 방향성을 제시해야 한다.
- 새로운 주체를 지원하기 위하여 규제의 틀을 현대화하고, 규제에서 낙후된 부분을 개선해야 한다.
- 단기가 아닌 장기적인 해결 방법을 찾아야 한다.

김예지, 김애선, 주강진, 윤예지, 신영섭, 조명철, 이민화, 조산구(2018)는 가치 창출과 가치 분배가 지속적으로 선순환하는 관계가 공유경제가 궁극적으로 지향하는 방향이며, 사회적 신뢰를 구축하기 위한 3대 국가 로드맵을 다음과 같이 제시하였다.

- 정보의 공유: 공공 데이터 개방과 오픈소스 생태계 조성
- 물질의 공유: 클라우드 활성화, 개인정보 활용 촉진, 공정 생태계 조성
- 관계의 공유: 프로슈머 활성화, 긱 플랫폼 구축, 사회 안전망 구축

<표 8-1>에는 중앙정부의 공유경제 관련 정책 동향이 제시되어 있다.

〈표 8-1〉 중앙정부의 공유경제 지원정책 동향

부처	정책동향
기획재정부 및 관계부처 합동	- 2015년 4월에 전문가 간담회를 실시하여 공유경제 현황파악 - KDI에 공유경제 관련 연구용역 발주 - '공유경제의 확산: 쟁점과 해법' 2015년 서비스선진화 포럼 개최
국토교통부 문화체육관광부 행정자치부 식품의약품안전처	- 자동차 공유(우버사태), 도시민박, 종교시설활용 (세제감면), 식당영업장소 공유와 관련된 법 · 제도적 현안에 대해 지자체와 실무차원에서 대응 - 우버(Uber)의 일부서비스를 불법으로 규정
미래창조과학부 산업통상자원부 중소기업청	- 전기차 카셰어링 시행 - 공유기업 인큐베이팅 엑셀러레이터 지원

출처: 김은란, 차미숙, 김상조, & 박미선(2018)

<표 8-2>에는 광역자치단체 공유경제 지원활동의 유형이 제시되어 있다.

〈표 8-2〉 광역자치단체 공유경제 지원활동의 유형

지원활동	서울	대전	부산	광주
조례제정	공유 촉진조례 (2012.12)	공유 활성화조례 (2015.02)	공유경제 촉진조례 (2014.3)	공유 촉진조례 (2013.11)
추진 계획수립	공유서울 추진계획	사회적자본 지원센터 사업 계획서	공유경제 활성화 지원사업 추진계획	공유도시 만들기 기본계획 (2015.1)
위원회 구성	공유촉진위원회 (2013.2) 민관거버넌스, 공유정책 개발, 공유기업 컨설팅 지원		공유경제 촉진위원회 (2015.3)	공유촉진 위원회 (2015.2)
공유경제 정보관리 시스템의 구축 · 운영	공유허브 http://sharehub.kr 116개 공유기업 등록(2014년 기준)	온라인 공유 플랫폼 구축	공유경제 정보센터 http://sharebusan.kr	공유포털 사이트 (2015.7)
공유지원 사업	공유기업의 선정 및 지원 57개 선정(2015년, 2곳은 서비스 접음)	2015 공유네트워크 공모사업에 16개 사업을 선정	공유기업의 선정 및 지원 3개 공유기업	추진중
추진방식	지자체 주도	중간지원조직 주도	시민사회 및 기업주도	지자체+ 시민사회 협력방안 모색 단계
사업범위	직접사업 지자체지원 공유기업지원	교육홍보 공유공모사업	교육홍보 공유기업지원	교육홍보

중간지원 조직 (시민조직)	CCKorea	사회적자본 지원센터	부산경제진흥원 부산공유경제 시민허브 공유경제 인큐베이팅센터 ㈜공유를위한 창조	컬쳐네트워 크 푸른광주21 협의회
2015년 예산	10.5억	3.35억원	5천만원	1.5억원

출처: 김은란, 차미숙, 김상조, & 박미선(2018)

2012년부터 서울시는 '공유도시 서울'을 선언하고 공유도시 서울추진계획을 수립했고, 2012년 7월「서울특별시 공공시설의 유휴 공간 개방 및 사용에 관한 조례」와 같은 해 10월「서울특별시 공유촉진조례」를 제정하여 공유도시정책을 추진하고 있다. 공유도시 서울의 주요비전 은 "공유로 변화된 도시, 시민이 행복한 서울"이다. 3대 목표는 공유기업 경쟁력 강화, 공유혜택 확산, 네트워크 강화 및 브랜드 확산이다. 세부 추진전략은 공유기업의 창업과 성장을 위한 종합지원을 하고, 공유로의 접근을 강화해 공유활동을 촉진하며, 공유도시 간 협력을 강화하는 것이다. 서울시 차량공유경제 '나눔카'는 그린카 기업과 협력하여「독거 어르신 여름나기 지원사업」등과 같은 사회공헌프로그램을 진행하고 있으며(이투데이, 2017), 2018년 8월에는 서울 시내 1,358개 지점에서 차량공유서비스 제공과 종로1가에서부터 시청광장 주변에 공간을 확보하여 노상 대여소를 확대하고 있다(한국일보, 2018) <표 8-3>에는 서울 공유도시 정책의 흐름이 제시되어 있다.

〈표 8-3〉 서울 공유도시 정책의 흐름

연혁	추진 내용
2012.09.20	- 공유도시 서울 선언 - 서울특별시 공유 촉진 조례 제정 민관 거버넌스 서울특별시 공유촉진위원회 구성운영 서울 공유허브 운영 지원 - 공유단체 및 공유기업 지정 지정현황: 37개 단체 기업
2013.11.06	- 3차 공유단체·기업 지정 및 공유촉진 사업비 지원
2014.01.27	- 공유상상 워크숍 개최 공무원, 공유단체·기업, 공유촉진위원 등 공유서울 분야별 정책 설계
2014.03.14	- 공유경제 해외전문가 강연 : 셰러블 창업자 닐 고렌플로 강연
2014.03.22. ~04.26	- 공유경제 시작학교(2기) 운영 예비 공유창업가 또는 공유활동가 대상 공유기업 창업지원, 29명 수료
2014.07.07. ~07.11	- 찾아가는 공유마당 운영 : 노원, 마포, 서초, 영등포 등의 자치구 공무원, 마을공동체, 시민단체 등을 대상으로 공유 강의, 사례소개, 공유기업 홍보 부스체험 등을 통한 소통
2014.07.22	- 제1회 공유 제도개선 기획단 회의 개최
2014.10.29	- 자치구 공유활성화 인센티브 사업 평가 : 강동구, 영등포구 등 13개구 우수 자치구 선정
2014.12.23	- 자치구 공유사업 성과보고회
2015.04.20	- 공유서울 2기 종합계획 수립
2015.06.20. ~ 07.25	- 제3기 공유경제 시작학교 운영 예비 공유창업가 또는 공유활동가 대상 공유기업 창업지원
2016.02.25	- 2016 공유서울 추진계획 수립
2016.04.26	- 공유도시 협의체 회의개최 시·도(6): 서울시, 부산시, 광주시, 대전시, 경기도, 전라북도 실무담당 - 시·군·구(5): 해운대구, 수원시, 성남시, 시흥시, 전주시 실무담당
2016.06.07	- 2016 우수기업으로 성장을 위한 공유기업 맞춤형 컨설팅 실시

2016.07.06. ~ 20	- 초중고교 학생 대상 공유경제 시작학교 운영 21개 초중고교, 501명 학생 대상 교육실시
2016.11.01. ~ 06	- 2016 공유 국제 해커톤 개최 주 제: 공유, 기술, 예술의 융복합을 통한 Zero-Waste 도시 구축 참 석: 8팀(국내 5팀, 해외 3팀) 아이디어톤(11. 1.), 해커톤(11. 2~ 4.), 결과물 전시 · 발표(11. 6.)
2017.09.25. ~ 10.28	- 2017 공유기업(단체)와 함께하는 옥상축제 개최 : 서울시 5개 공공옥상 (서울도서관, 시립미술관, 세운상가, 청년허브,은평공유센터)
2018.02.23	- 자치구 공유업무 담당자 간담회 개최 : 2018년 공유사업(시 · 구협력사업, 공유촉진 지원사업, 공유기업 및 단체공모사업, 자치구 우수사례 등) 설명 자치구 거주자 우선주차 배정기준 변경관련 건의사항
2018.04.02. ~ 04.16	- 2018 공유마을 활성화 사업 공모
2018.04.03	- 공유도시 서울의 정책방향 모색을 위한 공유포럼 개최 전국 시군구, 공유기업(단체) 등 150명 참석
2018.05.25	- 거주자우선주차장 공유사업 자치구 간담회 개최 거주자우선주차장 공유주차면 확대 관련 평가기준 및 세부기준 설명
2018.06.21	- 공유마을 주민대표 지식 · 재능공유 현장방문

출처: 서울시 공유허브 홈페이지 2020 (http://sharehub.kr)

이선영(2019)는 서울시민들이 인식하고 있는 공유경제의 개념요소를 조사하였다. 첫째 서울시민들이 인식하고 있는 공유경제의 가장 중요요소는 "공급자·대여자들의 참여"로 나타났다. 협력적 소비의 개념이 이용자들의 소비에 중점을 두고 있다면 서울시민들이 인식하는 공유경제의 개념은 공급자와 자원을 대여하는 자들의 참여에 더 중요한 초점을 맞추고 있다. 둘째, 서울시민들은 공유경제 개념정립의 중요요소에서 '정부 및 조정자들의 참여'를 매우 중요한 요소로 인식하고 있었다. 한국형 공유사업이 활성화되고 실현되기 위해서는 이용자들의 자율의지보다는 정부와 같은 조정자의 자원관리가 이루어져야 함을 제시했다. 셋째, 서울시민들은 공유경제 개념정립의 세 번째 중요요소로 '공동체 신뢰형성'이라는 가치창출을 언급하고 있다. 넷째, 서울시민들은 공유경제 개념정립 과정에서 '자원나눔'을 자원공유 활동 중에 가장 우선 요소로 평가하지만 공유기업, 공유사업 참여자들은 경제적 이익과 공동체 회복을 달성하기 위한 수단으로 일부 '나눔'이라는 메커니즘을 활용하고 있다. 다섯째로, 서울시민들은 공유경제 개념정립에 있어 '환경문제 등을 포함한 사회문제 예방'이라는 요소를 중요하게 생각하고 있었다. 특히 서울시민들은 미세먼지 문제, 지진, 폭염 등과 같은 환경문제들이 실생활에서도 영향을 주고 있음을 인지하고 있었으며, 불확실한 환경에서 다양한 사회문제들이 발생할 수 있음을 인지하고 있었다.

유정호, 김민길, 김영직, 조민효(2016)은 서울시에서 진행하는 한지붕 세대공감 사업을 정책집행 차원에서 평가하고 개선점 및 정책적 제언을 하였다. 이 사업은 노인에 대한 소득 지원과 대학생의 주거비부담 완화라는 일부 목표에서는 성과가 있었다. 그러나 세대융합이란 목표 달성을 위한 생활서비스는 약화되었는데, 그 원인은 담당 공무원이 업무 부담을 줄이기 위해 정책의 목표 중 일부만을 선택적으로 집행하는 것으로 분석되었다. 업무부담의 원인으로는 업무 자체의 어려움, 새로운 유형의 정책 수행의 어려움, 높은 지자체장의 관심 등이 확인되었으며, 예산 및 인사상 제약, 정책 자체의 취약성, 정부 간 소통부족 등으로 야기된 각종 자원 활용의 어려움과 공유경제 정책에서의 정부 역할에 대한 내적 갈등 등에 의해 심화되는 것으로 나타났다. 따라서 향후 정책의 확대 단계에서는 실현가능한 목표와 산출지표를 설정하고, 민간 협력을 포함한 적절한 수준의 인적·물적 자원이 지원될 필요가 있다. 또한 적절한 유인구조를 설립하고 표준 운영절차의 확보 등 사업구조의 재정비 노력이 필요하다.

황정훈(2019)는 스마트도시법에 기초한 스마트 공유도시 복지 공동체를 구축하기 위한 구체적 방안을 제시했다. 스마트시티 특별위원회에서 제시한 '스마트시티 추진전략'에 따르면 도시 성장단계별로 차별화된 접근이 필요함에 따라 개발초기에는 시범도시와 거점을 육성하고, 이미 형성된 도시의 경우 스마트화를 추구하는 과정을 운영단계로 인식하고, 도시가 쇠락한 상황에는 도시재생을 시행하도록 하고 있다. 기존 시가지의 공간적 특성 및 스마트서비스 도입 목적에 따라 '생활편의 특화형', '산업육성 특화형', '문화 · 관광 특화형', '재난안전 · 환경형'으로 나누어 효율적인 스마트 서비스를 제공함으로써 전반적인 생활환경을 개선하고, 지역적 특성을 고려한 계획수립을 지원하는 스마트시티 "테마형 특화단지지원사업"을 실시하여 4차 산업기술을 토대로 경제발전과 사회적 문제를 동시에 해결 가능한 고객 맞춤형 요구와 잠재적 요구에 대응한 상품 · 서비스 제공으로 경제발전을 도모하고 동시에 지역, 연령, 언어 등의 격차 해소로 사회적 문제를 해결하기 위한 기술을 넘어 인간중심 사회의 빅데이터와 AI의 발전으로 인간은 복잡하고 익숙하지 않은 일에서 해방되어 필요한 물품 · 서비스를 필요한 때 제공받는 최적화된 사회를 구현함으로써 스마트 공유도시 복지공동체를 구축해야 한다.

울산시는 2020년 2월에 울산형 공유경제 활성화 계획을 수립해 추진하고, 울산광역시 공유경제 활성화에 관한 조례를 제정하여 정책적·제도적 기반을 구축할 예정이다. 자세한 내용은 다음과 같다.

- 울산 공유경제 제도적 기반 마련

울산시는 공유경제에 관한 실태조사와 사업의 추진체계 구축 등의 내용을 담은 기본계획 등을 포함한 울산광역시 공유경제 활성화에 관한 조례를 2020년 상반기 중에 제정하여 정책적·제도적 기반을 구축한다. 이 조례에 따라 '공유경제(촉진)위원회'가 구성된다. 위원회는 학계, 비영리 단체, 사회적 기업 등 공유경제와 관련된 분야별 전문가 등 15명 이내로 구성하여, 공유경제 활성화 정책을 위한 심의·자문 등으로 사회적 협의의 컨트롤타워 역할을 하게 된다. '공유경제활성화 기본계획'도 수립된다. 울산시는 관련 기관과의 연구 용역으로 공유경제 실태조사와 공유경제 촉진을 위한 사업 발굴, 사업의 추진계획 구축 및 활성화 방안 등을 계획에 담는다.

- 공유경제 문화 확산 및 생태계 조성

울산시는 공유경제에 대한 인지도를 제고하기 위하여 공무원뿐만 아니라 시민을 대상으로 포럼, 전문가 특강, 워크숍 등 다양한 교육 프로그램 운영과 울산형 공유경제를 실제로 담당해

갈 전문가를 발굴하여 육성하는 등 사회 전반에 분위기를 확산해 나간다.

- 자생력 확보를 위한 공유경제 활동 지원

울산시는 공유경제 주체 간의 협력적 네트워크 역할을 위해 현재 추진 중인 관련 사업을 중심으로 적극적인 홍보는 물론 다방면의 행정적·재정적 지원도 적극적으로 마련한다. 특히 공공부문(중앙행정기관, 지방자치단체, 공공기관)에서 보유·운영 중인 시설/공간, 물품 등의 공공자원을 유휴시간에 국민들이 인터넷 또는 모바일을 통해 검색하여 예약하고 결제 후 이용할 수 있는 '대국민 공공자원 개방·공유 서비스 통합 포털'을 2월에 열어서 시민들이 적극 활용할 수 있다.

울산에는 2019년 9월 도입한 전기 공유자전거 '카카오 티(T) 바이크'가 운영 중에 있다. 카카오티(T) 앱으로 자전거 위치를 검색하고 이용 후 결제를 하는 방식이며, 주차시설이 따로 없는(도크리스) 방식으로 자유로운 대여·반납이 이루어지는 장점이 있다. 이용 조사 결과, 월 2~3회 출·퇴근의 목적으로 주로 활용했으며, 울산 시민 10명 중 7명이 이용에 만족하는 것으로 조사됐다. 울산시는 이 외에도 셰어하우스 건립, 공동육아 나눔터, 청년활동 공유 공간을 발굴하는 맵브릿지 사업 등을 포함하여 울산만의 생활 밀착형 특화 사업을 집중 발굴하고 육성할 예정이다(www.ulsan.go.kr).

2. 공유경제 규제정책

공유경제의 규제에 대한 입장은 크게 두 가지로 구분할 수 있다. 공유경제 기업도 전통사업자와 동일한 규제를 하여야 한다는 입장과 전통적 규제의 적용대상이 되지 않는다는 입장으로 나뉜다. 전자는 혁신적인 기업이라고 하더라도 거대 기업으로 성장한 공유기업은 그들이 행사하는 권한만큼 책임을 지는 것이 당연하다고 본다. 기존의 규제를 거부하는 경우 개인과 소규모기업은 법을 준수하는데 반해 거대 공유기업은 법을 회피하는 특권을 누리는 소위 2차원 정의시스템을 허용하는 문제를 일으킬 수 있기 때문이다. 후자는 공유기업은 시장실패나 소비자 보호의 문제가 없다고 본다. 디지털 기술을 사용하여 판매자의 신원 확인, 정부발행 ID 확인, 범죄경력 조회, 구매자의 사용 후 평판 확인이 가능하고, 플랫폼 기업은 이러한 문제 해결이 비즈니스 성공의 핵심이라고 보고 적극적으로 시장실패를 해결하려고 노력한다는 입장이다. 이들은 이용후기제도가 소비자 주권을 강화하는 중요한 요소이며 인터넷 경제에서 이 시스템은 두 번째의 보이지 않는 손으로 작용한다고 한다. 또한 공유경제 서비스 제공자는 보통 일반인이라는 점에서 자율규제가 적절하다고 주장한다(이성엽, 2016).

미국을 비롯한 세계 각국은 기술 혁신과 경쟁, 표현의 자유를 최대한 보장하면서도 인터넷의 부작용인 국가 안보, 청소년 보호, 안전한 상거래, 프라이버시 보호, 디지털 정보격차 등을 이유로 인터넷 공간에 대한 규제를 지속하고 있다. 공유경제 기업의 기술과 운영형태 중 일부는 기존 인터넷 기술과 비즈니스의 연장선에 불과하여 혁신성을 인정하기 어려울 뿐 아니라 기존 허가체계와의 갈등, 노동자 문제, 소비자보호 문제, 과세문제, 공정경쟁의 문제 등 국가가 개입해야 하는 다양한 사회경제적 문제가 나타나고 있다. 기술혁신, 경쟁의 조장도 중요하지만 이에 참여하지 못하는 집단에 대한 국가의 보호적, 배분적 규제 시행 역시 중요하다. 기술과 효율성으로 무장한 글로벌 비즈니스를 적극 수용하는 개방성도 중요하지만 단위 국가의 발전을 위한 보호적, 육성적 규제도 필요하다(이성엽, 2016).

〈표 8-4〉 공간 공유유형별 법 · 제도적 쟁점

공유유형	법 · 제도적 쟁점
숙박공유(도시민박)	주거지역 내 숙박업 허가문제, 세금징수 문제, 소방법 제약, 기존 숙박업계 반발, 식품위생법 문제(B&B 경우)
주거공유(셰어하우징)	재임대 공유주택의 임대차계약 문제
사무공간 공유(코워킹)	사무실 내에 여러 사업자 등록 제약
주차공유	주차면 거래와 제공자에 대한 인센티브의 허용범위
공공시설 공유	시설개방에 따른 안전 및 관리인력 문제
기타 유휴공간 공유	사찰, 교회, 텃밭, 공방 등 공간공유 범위 확대에 따른 법 · 제도적 대응 문제

출처: 김은란, 차미숙, 김상조, & 박미선(2018)

김은란, 차미숙, 김상조, 박미선(2018)은 <표 8-4>와 같이 공유유형별 법·제도적 쟁점을 제시하고, 도시재생 수단으로 공유경제를 활용하고 공유경제의 부작용을 최소화하기 위하여 다음과 같은 정책을 제안했다.

- 소유에서 공유로 공간이용 행태의 변화에 따라 국토관리 및 도시공간정책 측면에서 기존 법·제도 정비와 참여자의 신뢰 및 안전 담보를 위한 장치 마련
- 공간공유의 규모와 영향 측정을 위한 공유경제 및 공간공유 기초통계 구축
- 공유기반 공간활용성 제고: 용도지역에 따른 숙박공유 허용기준의 차별화, 셰어하우징 입주자의 주거안정성 보장을 위한 주택임대차보호법의 정비, 입지규제최소구역 내 코워킹스페이스의 활성화, 카셰어링과 연계한 주차공유 활성화,공공시설의 공유 확대와 효율적 관리방안 마련
- 공유기반 도시재생 모델 활성화: 공간공유 유형별 도시재생 잠재력 활용, 마을단위 공유공동체 모델 활성화, 경제기반형 도시재생 활성화지역 내 공유경제 거점 구축, 정부자산 공유 및 플랫폼 구축

고형석(2017)은 온라인 플랫폼을 통한 숙박시설이용계약은 단지 소비자에게 편익만을 부여하는 것이 아닌 다양한 소비자피해 또는 소비자분쟁을 야기하고 있다고 하였다. 이러한 점은 공유경제의 긍정적 효과를 절감시키는 것이기 때문에 이를 해결할 수 있는 방안에 대한 모색이 필요하다. 그 방안 중 하나로 현행 법제하에서의 소비자보호 방안에 대해 살펴보았다. 그 대표적인 법이 전자상거래소비자보호법이지만, 동법의 핵심적인 내용인 제13조부터 제20조의3까지는 통신판매에만 적용된다. 물론 온라인 플랫폼을 통한 숙박시설이용계약이 동법상 통신판매에 해당한다고 주장하는 견해도 있지만, 이는 숙박시설이용계약

이지 재산권의 이전에 관한 계약이 아니다. 따라서 동 계약은 동법상 전자상거래에는 해당하지만, 통신판매에는 해당되지 않는다. 그 결과, 숙박시설업자는 정보제공의무를 부담하지 않을 뿐만 아니라 소비자는 청약철회권도 행사할 수 없다. 특히, 숙박앱을 운영하는 플랫폼 사업자 역시 통신판매중개업자에 해당되지 않기 때문에 동법의 적용을 통한 소비자보호는 사실상 불가능하다. 이러한 문제점에 대한 근본적인 원인은 동법상 통신판매에 대한 정의를 판매로 국한하였기 때문에 발생한 문제이다. 반면에 유럽연합 소비자권리지침에서는 격지계약의 범주에 판매계약으로 한정하고 있지 않다. 따라서 동법상 통신판매에 대한 정의를 판매로 한정할 것이 아니라 통신수단을 이용하여 당사자가 비대면으로 체결하는 계약으로 개정할 필요가 있다.

송운강과 박용숙(2018)은 공유경제 서비스를 제공하는 플랫폼 기업은 ICT 기반의 혁신을 표방하고, 기존 유사 서비스 제공 기업과 이해관계가 충돌하고, 한 국가가 아닌 국경을 넘은 글로벌 서비스를 제공하고 있다는 점에서 여러 가지 법적, 정책적 이슈를 제기하고 있다고 주장했다. 플랫폼 기업들이 ICT 기반의 소위 파괴적 혁신을 주장하면서 새로운 서비스에 대한 무규제 또는 비규제의 필요성을 강조함에 따라, 기존 정부규제와 정면으로 충돌하고 있다. 정부는 혁신적 서비스를 장려하여 고용과 성장을 창출하고 유지하면서 새로운 혁신적 서비스가 기존의 규제와 충돌하면서 생기는 기존의 사업자들과의 형평성 등의 이해관계의 조정, 새로운 비즈니스의 소비자보호 또는 사회에 대한 위험성을 제거하기 위한 규제의 정당성과 규제 강도라는 서로 상반되는 가치지향을 두고 선택의 기로에 서게 된다. 정부는 공유경제 서비스가 보호하고 장려할 만한 혁신에 해당하는 것인지, 혁신적 서비스라고 보면 이에 대한 규제를 하여야 하는지, 규제를 하는 경우는 기존 서비스에 대한 규제와 어떻게 달라야 하는 것인지, 어떻게 규제와 혁신이 가지는 진보성을 조화시켜 나갈 것인지를 고민해야 한다.

조대근(2018)은 공유경제를 효율적으로 규제하기 위해서는 공동규제를 해야 한다고 주장했다. 공동규제는 공적인 목표 달성을 위해 국가가 규제의 법적인 기반을 제공하고 민간의 자율규제기관이 실제로 피규제자를 규제하는 역할 분담이 이루어지는 규제방식이다. 전형적이고 전통적인 규제접근방식인 명령-지시적 방식은 규제자-플랫폼사업자간의 충돌만 야기하고 공유경제 활동을 불법적 행위로만 보기 때문에 공유경제활동을 음성화하는 원인이 되고, 공유경제의 장점을 극대화하고 사회적비용을 최소화할 수 없기 때문이다. 규제자는 중앙 또는 지방정부와 자율규제기관이고, 피규제자는 플랫폼사업자이고, 공동규제를 통해 개선해야 할 영역은 이용자보호, 노동규제, 신뢰성, 외부성 부문이다. 공동규제를 위해 정부는 플랫폼사업자의 데이터공개 의무 법제화, 자율규제 가이드라인 승인 및 개정요구, 자율분쟁기구에서 해결되지 않은 분쟁 사건에 대한 심결을 수행하고, 자율규제기관은 자율규제 가이드라인 제정, 과세정보 공유, 자율분쟁기구운영을 담당한다.

신규환과 이예지(2018)은 해외의 공유경제 과세 사례와 선행연구를 검토하여 공유경제 과세 대안을 제시하였다. 공유경제에 대한 과세 방안으로는 첫째, 공유경제 공급자들을 대상으로 일정 기준금액 이상이 되면 간단하게 세금을 신고하고 납부할 수 있는 새로운 제도를 만들거나, 둘째, 현행 세법에서 영세하여 조세 납부 능력이 떨어지는 사업자를 대상으로 한 부가가치세 간이과세제도, 소득세의 추계신고, 단순경비율 제도 등을 일부 변형하여 적용하는 방법이 있다. 셋째, 당장 공유경제에 대한 새로운 과세제도를 만드는데 무리가 있다면, 네덜란드, 프랑스 등과 같이 에어비앤비 등과 같은 플랫폼 사업자(일정 규모 이상의)에게 관광세, 숙박세, 거래세 등의 세금을 원천징수 하도록 하여 세수를 확보하는 방법이 있을 것이다. 마지막으로 과세당국은 공유경제의 거래를 양성화시키기 위하여 일정 규모 이상의 플랫폼 사업자에게 거래내역을 국세청에 보고하도록 입법화하여 세수 누락이 되지 않도록 제도화 하여야 한다.

이창규(2018)은 공유경제에 있어서 소득세 관련 쟁점은 중개서비스 제공자의 소득 파악에 관한 문제라고 했다. 중개서비스 회사에 대해 서비스 제공자의 소득정보 제공을 요구하는 제도를 도입해야 한다. 소비세와 관련한 쟁점은 납세 의무자를 중개서비스회사와 서비스제공업체 중 과연 어느 쪽으로 할 것인지가 문제가 된다. 우리나라에서는 2015년 7월부터 국외 사업자가 인터넷 등을 통해 국내 사업자 또는 국내 소비자에게 적용할 수 있는 전자적 용역의 제공에 대한 소비세를 과세하는 제도가 도입되어 있다. 공유경제와 관련한 법인세 쟁점은 외국법인인 중개서비스회사에 대해 적정한 법인세를 추징할 수 있을지 여부이다. 이는 비단 공유경제만의 문제점은 아니고 글로벌 경제하에서 전자상거래 등을 하는 외국법인과 관련한 일반적인 사항이다. 만일 외국법인이 고정사업장을 갖는 경우에는 사업소득을 포함하여 고정사업장에 귀속되는 소득이 과세대상이 된다.

최정희(2019)는 호주의 공유경제에 대한 과세제도를 소개했다. 호주는 공유경제가 확산되면서 소득세와 부가가치세 등 공유경제에 대한 과세체계를 일찍부터 정립하였고, 구체적인 예시도 국세청의 가이드라인을 정해서 잘 정립하여 왔다. 또 최근에는 연방 재무부가 소득 신고 의무제를 확립하여, 공유경제로부터 발생하는 막대한 개인 소득에 과세 자료를 확보하여 과세를 강화하고자 하고 있다. 호주에서는 승차공유, 거주지 임대, 자산공유, 용역제공으로 분류하여 소득이 발생하는 거의 모든 소득에 대하여 과세를 하도록 규정을 하고 있으며, 소득과 직접 관련되는 비용은 개인적 사용과 사업적 사용 간 최대한 정확한 배분을 통해서 비용공제가 이루어지고 있다. 부가가치세의 경우 연간 $75,000 이상의 매출액을 올리는 경우 부가가치세법에 따라 등록을 의무화하고 있으며(거주지 임대는 제외), 승차공유의 경우에는 매출액에 관계없이 등록을 의무화하고 있다.

윤형석(2017)은 우버, 에어비앤비와 같은 공유경제 모델은 우리나라에서는 관련법 및 제도적 제약으로 법적 문제가 되고 있다. 특히 우리나라는 집 및 자동차 공유와 관련하여 실정법과 충돌이 나타나고 있다. 우버는 2013년 중순 우버코리아 법인을 설립하고, 우버코리아는 렌터카 업체 MK코리아와 승객 운송계약을 체결하고 2013년 8월부터 2015년 초까지 스마트폰 '우버앱'을 통해 자가용이나 렌터카 운전자와 승객을 연결해 주고 운임의 20%를 수수료로 받았다. 이에 서울시와 서울개인택시운송사업조합 등은 우버코리아와 MK코리아를 여객자동차운수사업법 위반 혐의로 고발하고 기소하였다. 2017년 4월 26일 법원은 여객자동차운수사업법 위반 혐의로 기소된 우버코리아에 벌금

1000만원을 선고하였다. 공유경제가 확산되면 될수록 기존 전통적인 경제체제와의 법적인 갈등이 나타나게 될 것이고, 이러한 법적 갈등은 이미 전자상거래의 등장으로 전통적인 상거래와의 많은 법적·제도적 문제를 초래하고 있다. 공유플랫폼을 제공하는 기업들을 전자상거래의 통신판매중개자와 같이 본다면 소비자보호 등 법적 문제를 해결할 수 있을 것으로 본다. 공유경제를 둘러싼 법적 완비는 기존 업종에 관한 법률, 노동법, 세법 등의 법적 문제를 해결함으로써 공유경제가 활성화될 수 있을 것으로 본다.

이병준(2018)은 2018년 3월에 발의된 공유경제기본법안과 아직 상정되지 않은 공유경제 촉진에 관한 특별법안을 소개하고 평가하였다. 공유경제기본법안은 공유경제를 반영한 기본법으로서 몇 가지 부분적인 의문을 제외하고는 공유경제에서 해결해야 할 핵심쟁점을 담고 있는 충실한 법안이다. 즉, 법안은 공유경제의 공급·수요의 주체가 주로 개인인 점을 고려해 사업자, 소비자 개념이 아닌 '공급자', '수요자' 개념을 사용한다. 또 플랫폼 공급자로서 사업자·개인의 구별문제는 법 적용에 있어 중요한 의미를 가지는 점을 고려해 '상시공급자', '일시적 공급자'를 구분하고 있고, 더 나아가 개인인 일시적 공급자의 규제를 완화한다. 그리고 대규모 공유 플랫폼의 규제를 위한 중개사업자 지정제도를 마련함으로써, 의무를 부담하는 사업자의 자율규제 모델 준수 범위에서 행정기관이 지도·조언하는 공동규제적 접근방식을 취하고 있다.

그러나 공유경제 촉진에 관한 특별 법안은 '상시공급자'와 '일시적 공급자'의 구분을 포기함으로써 진정한 공유경제 촉진

법으로서의 의미를 상실하고 있다. '중개사업자' 지정제도가 폐지됨으로써 스타트업 플랫폼 등 모든 공유 플랫폼에 규제가 확대될 우려가 있다. 또한 적정한 자율규제를 유도하고 그 준수에 대하여 행정기관에 의한 공동규제를 도모하는 지정제도의 목적을 '우수중개사업자' 지정제도를 통해서는 살릴 수 없다. 숙박공유 및 자가용승차공유에 대한 특례규정을 마련하고 있으나, 이미 존재하는 특별법과의 관계가 문제될 수 있을 뿐만 아니라, 공유경제 내의 참가자인 공급자와 플랫폼의 규제에 대하여 합리적인 이유 없이 상이한 접근을 하고 있다.

공유경제 규제는 최소한도의 진입요건 및 의무부과가 법적으로 이루어지고, 그 밖의 사항은 자율규제를 유도하는 것이 타당하다. 구체적으로는 의무이행을 위한 사업자의 자율규제 모델이 설계된 후 그 준수에 대해 규제기관이 적절히 관여하는 공동규제모델 정립이 필요하다고 보인다. 이러한 점에서 공유경제기본법안이 공유경제의 규제 방향을 잘 제시해주고 있다.

최유성과 안혁근(2018)은 공유경제의 분야 중에서 이미 신산업 활성화를 위한 규제개선과 관련된 연구가 활성화 되고 있는 숙박 분야 및 교통 분야와 우리 사회에 이미 나타났거나 나타날 가능성이 있는 공유경제를 활용한 신산업 분야들을 전문가 델파이 조사에 근거하여 각 분류 특성을 고려한 규제개혁 대응전략을 제시하였다. 첫째, 공유경제의 긍정적 특성을 반영한 규제개혁이 필요하다. 둘째, 공유경제와 기존 시장경제와의 균형을 고려하되 기술발전에 따른 환경 변화도 함께 고려되어야 한다. 셋째, 공유경제의 정착에 필요한 규제의 신설과 규제일몰제를 적극적으로 활용해야 한다. 넷째, 공유경제 규제개혁을 위한 실증적 자료의 축적과 엄격한 규제영향 분석의 적용이 필요하다. 마지막으로 정부는 공유경제 전반에 관한 '규제개혁 기본지침'이나 '공유경제기본법'(가칭)을 제정할 필요가 있다.

이중기(2017)은 조직법적 관점에서 보면 공유경제 기업의 자원조직방식은 전통적 기업과 비교할 때 큰 차이를 보인다고 했다. 공유경제 기업조직에서는 플랫폼혁명을 통해 재산의 소유권 대신 재산에 대한 정보를 제공하고 정보통합을 이룬다. 정보통합을 통해 소유권이전을 통한 물권적 통합이 없이도 자원의 효율적 지배와 배분이 가능하게 되므로, 더 비용이 많이 드는 물권적 통합을 추구할 유인이 낮아진 것이다. 그 결과 공유경제 기업조직에서 동료출자자들은 하나로 통합된 통합재산에 대한 지분권자가 아니라 독립된 다른 동료출자자와 채권적 연결관계를 갖는 독립된 '소유권자'로서 등장한다. 공유경제 기업이 시장거래를 내부화하는 계층적 위계조직으로서의 성격이 약하고 거래의 주체들이 기업의 내부구성원으로서 참여하지 않는다면, 공유경제 기업조직을 참여자 사이의 계약관계의 총체로서 이해하기 힘든 측면이 발생한다. 또 공유경제 기업조직에서 플랫폼사업자는 출자자의 '기관'으로서 행위하는 것이 아니라 출자사업자의 영업을 중개할 뿐이다. 그 결과 플랫폼사업자와 잉여자본출자사업자 사이의 이익충돌은 전통적 기업에서보다 강하지 않게 되고, 따라서 공유기업에서의 플랫폼사업자의 행태를 "대리인 문제와 대리인 비용"으로 설명하는 것은 설득력이 약해진다.

이다혜(2017)은 공유경제가 선도적으로 활성화된 미국의 사례를 중심으로 공유경제의 노동법적 쟁점을 살펴본다. 공유경제 관련 소송 현황을 개관하고, 미국 노동법에서의 근로자 판단 법리를 소개하며 특히 Uber 판결에서 운전자들의 근로자성을 인정한 판결을 분석한 뒤, 겸업금지, 감정노동 및 불안정노동 등 공유경제의 기타 노동법적 문제를 지적하고, 공유경제와 같은 새로운 산업구조에 적합한 근로자성 판단을 위한 대안적 방법론을 모색했다.

기업의 전략적 관점에서 볼 때 공유경제는 간접고용이나 아웃소싱과 마찬가지로 사용자 책임을 회피하기 위한 경영 방식으로 활용될 우려가 있다. 미국의 Uber 판결은 공유경제 종사자들의 근로자성을 부정할 수 없다고 본 점에서 일정한 의미가 있으며, 향후 플랫폼 기반 서비스 제공자들에 대한 효과적인 노동보호를 위해서는 근로자성 판단에 있어 '종속성' 여부에만 얽매이지 않는 새로운 방법론을 모색할 필요가 있다.

프랑스대법원은 우버 드라이버가 우버 디지털 플랫폼에 접속할 때 종속 관계가 성립되므로 자영업자가 아니라 노동자로서 서비스를 제공하는 것이라고 판결했다. 재판부는 우버 드라이버가 자영업자로 분류되기 위해선 스스로 자신의 고객층을 만들 수 있어야 하고, 요금을 직접 정할 수 있어야 하며 업무 수행 방식을 선택할 수 있어야 하는데, 우버는 이 세 가지 기준을 충족하지 못했다고 보았다(경향신문, 2020년 3월 5일).

송순영(2015)는 세계 각국에서는 공유경제 및 Airbnb를 새로운 흐름으로 인정하고, 공유경제에 적합한 법·제도를 정비하는 국가가 점차적으로 증가하고 있다고 하였다. 미국의 경우, 뉴욕은 30일 미만의 단기 임대를 금지하고 있으나 샌프란시스코를 비롯하여 여러 주들에서 단기 임대를 허용하는 쪽으로 선회하는 경향이며, 유럽의 경우, 스페인을 제외한 다른 국가들에서도 점차적으로 단기 임대를 허용하는 경향이다. Airbnb 관련법을 정비한 대부분의 국가에서는 관련법 정비 시 '활용되지 않는 유휴자원을 타인과 공유하여 불필요한 소비자 자원의 낭비를 줄이고, 궁극적으로는 사회 공동의 이익 증가에 기여'하는 공유경제의 정신을 중시하여 반영하고 있다. 대부분의 국가에서는 공유경제의 정신은 존중하지만, 공유경제도 상거래의 일종인 점을 감안하여 세금과 보험 등의 의무를 이행하도록 하고 있다.

박정인과 유현우(2019)는 공유저작물을 활성화시키기 위한 단일법 제정의 노력은 어디까지나 현행 저작권법을 위협하는 경쟁적 이념이 아니라 창작자의 의사를 존중하는 취지로 해석될 필요가 있다고 주장했다. 공유저작물의 취지에 공감하고 퍼블릭 도메인의 영역이 넓어지는 것이 오히려 우리 공동체에 바람직하다는 방향으로 인식의 전환은 우리의 기본권인 알 권리와 표현의 자유와도 무관하지 않기 때문이다. 상업경제의 일원화된 이념적인 정합성에서 벗어나 저작물에 대한 새로운 접근과 이용 방식을 모색해 보는 것은 '최초 판매 원칙' 내지 '권리 소진 이론'이 수용되고 있는 현행 「저작권법」 내에서 충분히 가능하다. 공유저작물의 활성화를 위한 법체계가 정립되어 공정이용 법리가 제대로 자리 잡고, 법정 허락제도의 간편화 및 저작권 협의가 이루어지지 않았을 경우 강제허락을 가능하게 할 수 있는 사전분쟁 조정제도, 저작권 생성 표시와 저작권 등록 제도가 하루빨리 활성화될 수 있다. 고도화된 지식사회에서 궁극적으로 모든 인간이 보편적으로 기술과 과학, 저작물을 평등하게 누리기 위해서는 저작물을 이용할 때 마다 개별 비용이 증가되지 않고 자원을 효율적으로 이용할 수 있도록 국가가 지원하여야 하며, 이를 위해서는 공유저작물의 활성화가 전제되어야 한다.

3. 공유경제 활성화를 위한 과제에 대한 대학생의 요구

〈표 8-5〉 공유경제 활성화를 위한 과제의 요구(Cronbach' s α =.858)

문항	평균(SD)
1. 새로운 수요에 대처하기 위한 법, 제도 개선	4.86(1.20)
2. 기존 기업과 공생활 수 있도록 법과 제도의 합리적 개선	4.92(1.22)
3. 거래과정에서 발생할 수 있는 사고에 대비한 보험제도 도입	5.01(1.27)
4. 공유경제 수익자에 대한 적절한 과세제도 도입	4.71(1.23)
5. 공유분야 스타트업 기업에 대한 인증 및 투자를 통한 경제활성화 모색	4.84(1.09)
6. 시민홍보를 통한 공유분위기 확산	5.12(1.20)
7. 기업의 개인정보보호에 대한 신뢰 회복	5.24(1.40)
8. 공공, 기업, 시민단체의 협력을 통한 비영리 공유분야 확대	4.88(1.24)

<표 8-5>에는 대학생이 공유경제 활성화를 위한 과제에 대하여 요구하는 정도가 제시되어 있다. 공유경제를 활성화하기 위한 8가지 과제에 대한 요구는 '전혀 요구하지 않는다.'의 1점부터 '매우 많이 요구한다.'의 7점을 주는 척도로 조사했다. 8개 과제에 대한 요구가 모두 척도의 중간점인 4점을 넘는 것으로 나타났다. '기업의 개인정보보호에 대한 신뢰 회복'이 5.24점으로 가장 높았고, '시민홍보를 통한 공유분위기 확산'이 5.12점으로 두 번째로 높았고, '거래과정에서 발생할 수 있는 사고에 대비한 보험제도 도입'이 5.01점으로 세 번째로 높았고, '기존 기업과 공생활 수 있도록 법과 제도의 합리적 개선'이 4.92점으로 네

번째로 높았다.

'공유경제 수익자에 대한 적절한 과세제도 도입'에 대한 요구는 4.71점으로 가장 낮은 것으로 밝혀졌다. 공유경제의 특성이 일반인들도 다른 유형의 스타트업 보다는 쉽게 창업을 할 수 있다는 생각 때문에 이러한 결과가 나왔다고 유추할 수 있다. 그러므로 모든 공유기업을 대상으로 과세제도를 도입하기 보다는 거대 플랫폼 기업을 대상으로만 과세제도를 도입하는 방안이 마련되어야 한다고 본다. '공유분야 스타트업 기업에 대한 인증 및 투자를 통한 경제활성화 모색'은 4.84점으로 두 번째로 요구가 낮은 과제이고, '새로운 수요에 대처하기 위한 법, 제도 개선'은 4.86점으로 세 번째로 낮았고, '공공, 기업, 시민단체의 협력을 통한 비영리 공유분야 확대'는 4.88점으로 네 번째로 요구가 낮았다. 대학생들은 자신들이 직접 피부로 느낄 수 있는 과제를 더 많이 요구하고 있다고 볼 수 있다.

참고문헌

강병준. (2012). 공유경제 시스템의 사회적 기업 적용 연구. 한국정책학회 동계학술발표논문집, 2012(단일호), 107-134.

강병준, 최무현. (2013). 공유경제의 전망과 과제에 관한 탐색적 연구. 정책개발연구, 13, 143-170.

강성무, & 김형준. (2018). 관계혜택이 고객만족과 장기적 관계지향성에 미치는 영향: 신협을 중심으로. 벤처창업연구, 13(2), 125-137.

강현숙, 제형준, & 박선. (2013). 공유경제와 도시산업. 도시문제, 48(540), 32-36.

고윤승. (2014). ICT 발달에 따른 공유경제에 대한 소고. e-비즈니스연구, 15(6), 77-100.

고준호, 유경상. (2013). 공유교통의 시대, 무엇을 나눠 쓸 것인가?. 서울연구원 정책과제연구보고서, 1-94.

고형석. (2017). 공유경제산업과 소비자보호. 재산법연구, 34, 99-143.

곽노완. (2013). '공유도시 서울'과 글로컬 아고라의 공유도시. 마르크스주의 연구, 10(3), 146-171.

곽수영, & 이도형. (2019). 무역교육에서 공유경제를 바탕으로 한 협력적 소비에 대한 사례연구. e-비즈니스연구, 20(6), 139-151.

곽수환, & 조연성. (2015). 공유경제 서비스의 활성화 방안: Uber 사례를 중심으로. 서비스경영학회지, 16(4), 33-47.

구자현, & 전소영. (2019). 공유경제 기대효과 및 성장가능성. 미래성장연구, 5, 111-124.

권리안, & 차수정. (2018). SNS 프로슈머 마케팅을 활용한 무용공연의 관람만족, 관계의 질, 장기적 관계지향성과의 관계. 한국무용연구, 36(1), 1-29.

권애라. (2013). IT 비즈니스 발전에 따른 공유경제 성장 전망 및 시사점. 산은조사월보. 689, 73-87.

권예지, 나은영, 박소라, 김은미, 이지영, & 고예나. (2015). 한국의 디지털 원주민과 디지털 이주민: 온라인 콘텐츠 이용, SNS 네트워크, 사회적 관계 인식을 중심으로. 한국방송학보, 29(2), 5-40.
권원용. (2013). 공유경제와 도시생활. 도시문제, 48(540), 8-9.
기승도, & 이규성. (2017). 카쉐어링 확산의 문제점과 제도개선 방안. KIRI Weekly (이슈), 421, 11-21.
김기연. (2014). 공유경제 비즈니스에 대한 한국인의 가치인식 스키마 유형 연구. 주관성연구, (29), 99-119.
김기연, & 김흥규. (2013). 협력적 소비, 공유경제 서비스 모델에 관한 소비자 선호 유형 연구: 마케팅 커뮤니케이션 관점에서. 주관성연구, (27), 23-40.
김나영, & 이태민. (2018). 지각된 가치가 공유소비의도에 미치는 영향에 관한 연구: 재화와 서비스 공유 간 비교를 중심으로. e-비즈니스연구, 19(6), 37-54.
김두환, 이강배. (2015). 거래비용을 고려한 기업 간 공유경제에서의 이익 배분 방안. Journal of the Korea Industrial Information Systems Research, 20(4), 111-126.
김묵한. (2013). 도시정부와 공유경제. 세계와 도시, 1&2, 33-44.
김묵한. (2015). 소유의 공유, 공유의 소유 -공유도시의 명암에 대한 시론. 도시인문학연구, 7(2), 51-63.
김민정. (2017). 공유경제의 안정적 성장을 위한 정책방향. KDI FOCUS 통권 제 83호.
김민주. (2019). 공유경제에 대한 공법적 규제에 관한 연구, 서울대학교 박사학위논문
김병용. (2017). 한류문화콘텐츠에 대한 몰입 및 감정적 태도가 한국의료관광의 신뢰 및 관계지향성에 미치는 영향. 관광학연구, 41(9), 163-183.
김병재. (2019). 공유경제 성과에 영향을 미치는 서비스 요인과 소비자 요인에 관한 연구 : 중국 공유자전거 시장을 중심으로. 한국항공경영학회지, 17(1), 107-123.
김상태, & 민웅기. (2019). 공유경제에 기반을 둔 관광경제시스템에 대한 성찰적 고찰-숙박공유플랫폼과 관련된 사회문제를 중심

으로. 관광연구논총, 31(3), 3-24.
김세리. (2019). 호텔레스토랑의 SNS 마케팅믹스와 관계혜택, 관계지향성 간 관계. 관광경영연구, 93, 409-431.
김영욱. (2018). 디지털 노동 착취와 감시의 상품화: 온라인 맞춤형 광고에 대한 커뮤니케이션 정치경제학 해석. 언론과 사회, 26(1), 34-78.
김예란. (2007). 디지털 사회, 소통의 문화. 언론과 사회, 15(3), 39-70.
김예란. (2015). 디지털 창의노동: 젊은 세대의 노동 윤리와 주체성에 관한 한 시각. 한국언론정보학보, 69, 71-110.
김예지, 김애선, 주강진, 윤예지, 신영섭, 조명철, 이민화 & 조산구. (2018). 공유 플랫폼 경제로 가는 길. 포럼보고서, 43, 1-246.
김운숙. (2014). 프로야구단 SNS 관계지향활동이 관계몰입, 이용만족 및 지속적 이용의도에 미치는 영향. 한국체육과학회지, 23(2), 705-717.
김유준. (2016). 크리소스토무스의 경제 사상 연구. 신학사상 173, 171-198.
김은란, 차미숙, 김상조, & 박미선. (2018). 공유경제 기반의 도시공간 활용제고방안 연구. [CODIL] 건설보고서, 2018(9).
김은란. (2015). '공유', 도시의 새로운 해법이 될까?. 국토(2015년 9월), 92-97.
김점산, 지우석, 강상준(2014). 공유경제(Sharing Economy)의 미래와 성공조건. 이슈 & 진단, 134, 1-25.
김정임. (2014). 카쉐어링 서비스 최근동향과 국내외 사례, Global Green Growth Policy, 113, 1-10.
김지형. (2018). 공유경제 도입에 따른 패션 공유 플랫폼의 사례 분석:제품-서비스 시스템을 중심으로. 한국패션디자인학회지, 18(4), 93-115.
김진한, & 강우성. (2018). 공유형 숙박서비스와 호텔서비스의 소비가치가 이용의도에 미치는 영향: 네트워크 효과와 서비스 유형의 조절된 매개효과를 중심으로. 관광연구저널, 32(9), 33-49.
김해중, 박종우, & 조동혁. (2016). 공유경제 서비스의 성공요인에 관한 실증 연구. 한국콘텐츠학회논문지, 16(1), 214-229.
김현철, 장현정, & 이정탁. (2017). 소비자생활협동조합의 사회적 책임 활동은 소비자의 구매의도를 이끄는가?-조합원과 비조합원의 비교를 중심으로. 관광학연구, 41(9), 129-150.
김형곤. (2017). 외국인관광 도시민박업을 통해 본 공유숙박의 문제점과 정책방향. 한국관광정책, (69), 83-87.
김형균, 오재환. (2013). 도시재생 소프트전략으로서 공유경제 적용방안. 부산발전연구원.
김형균. (2013). 부상하는 공유경제, 시정소프트 활용 방안. BDI 포커스, 198, 1-12.
김호준, & 변정우. (2019). 소셜 커머스의 서비스특성이 고객관계품질 및 관계지향성에 미치는 영향에 관한 연구: 호텔 객실 및 음식· 음료 상품 이용고객 중심으로. 관광레저연구, 31(7), 193-208.
김희성. (2018). 공유경제와 크라우드 워크. 강원법학, 54, 209-254.
나현. (2016). ICT로 도약하는 가치중심 공유경제. Digieco Issue & Trend.
노영희, 정대근, & 노지윤. (2018). 공유경제시대에서 도서관의 공유가치 실현을 위한 역할 도출에 관한 연구. 한국도서관· 정보학회지, 49(3), 133-168.
노재승. (2017). 공유자동차 (Car-sharing) 기반의 미래 모빌리티 발전방향에 관한 연구. 한국과학예술융합학회, 29, 75-87.
노태협. (2016). ICT 기반 지역 공유경제형 사회적 기업 사례 연구. Information Systems Review, 18(1), 157-175.
라준영. (2014). 공유경제와 사회적 기업: 우주 (WOOZOO) 사례. 서비스경영학회지, 15(4), 107-124.
레이첼 보츠먼, 루 로저스. (2011). 위 제너레이션. 이은진 옮김. 모멘텀.
로나 골드. (2012). 공유경제. 안명욱, 하윤희 옮김. 조윤 커뮤니케이션.
로렌스 레식. (2009). 코드 2,0. 김정오 옮김. 나남.
로렌스 레식. (2012). 아이디어의 미래. 이원기 옮김. 민음사.

류혜송, 권미림, 홍광진, & 정기철. (2015). 자발적 공유경제 방식의 개인 한글 콘텐츠 제작/공유 서비스. 한국정보과학회 2015 한국컴퓨터종합학술대회 논문집, 1999-2001.
리사 갠스키. (2010). 메시: 빌려주는 사업의 시대가 온다. 윤영삼 역. 21세기북스.
맹이섭, & 권웅. (2018). 미주 한인체전 참여자의 참여경험이 지역사회애착과 사회적 연결감 형성에 미치는 영향. 한국여가레크리에이션학회지, 42(2), 65-78.
맹한나, 김병수, 김영희, 우성임, 서준원, 유승호, & 장예빛. (2014). 게이미피케이션과 공유경제의 진화에 대한 탐색. HCI 2014, 485-488.
문병기. (2010). 경제적 합리성의 재해석. 한국지방자치학회보, 22(4), 341-362.
민병무. (2013). 공유경제와 여행. 2013년도 생활과학연구소 추계 심포지엄, 9-28.
민웅기. (2018). 한국사회의 공유경제 시스템을 적용한 관광분야 초연결경제모델의 분석과 예측: 행위자네트워크이론에 의한 온-오프라인 관광조직의 연결망 분석. 노동연구, 37, 187-226.
박미혜. (2016). 공유경제 서비스에 기반한 소비자의 협력소비 경험. 소비자학연구, 27(4), 175-204.
박민우. (2013). 플랫폼을 통해 본 ICT 생태계와 공유경제. DigiECO, 1-9.
박수경, & 이봉규. (2018). '일과 삶의 균형' 향상을 위한 공유경제 참여경험 연구. 한국웰니스학회지, 13(2), 217-228.
박승혜, & 이승연. (2019). 성별에 따른 대학생의 완벽주의적 자기제시 성향, 사회불안, SNS 중독경향성의 관계: 대인관계 지향성의 조절된 매개효과. 한국심리학회지: 발달, 32(1), 105-126.
박준식. (2015). 공유교통서비스의 효과적 활용을 위한 법제도 개선방향. 월간교통, 18-22.
박정인, & 유현우. (2019). 공유저작물의 활성화를 위한 법적 연구. 스포츠엔터테인먼트와 법 (JSEL), 22(1), 173-193.
백성익, 염두승, & 서진교. (2019). 노인체육참여자들의 건강증진행위가 기대감정 및 사회적 연결감에 미치는 영향. 한국스포츠학회지, 17(1), 171-180.
변미리. (2013). 공유경제와-사회 변동. 도시문제, 48(540), 27-31.
변완희. (2016). 공유경제의 새로운 희망, 카풀. ITS Brief, 39, 2-3.
서상희. (2017). 소셜미디어 기반의 참여형 CSR 전략으로서 소셜 기부의 참여 동기 요인이 CSR 신뢰성과 참여의향에 미치는 영향. 한국소통학보, 16(4), 185-224.
서우석, & 이호영. (2010). 네트워크화된 문화소비자와 문화자본. 사이버커뮤니케이션학보, 27(1), 93-137.
서울특별시. (2012). 공유도시 서울 추진계획.
서울특별시 서울혁신기획관. (2015). 공유서울 2기 추진계획.
성낙환. (2014). 공유경제 소비자들의 롱테일 수요를 깨운다. LG Business Insight. 7, 14-20.
성현선. (2017). 글로벌기업의 사회적책임 (CSR) 활동이 기업이미지, 관계지향성, 성과에 미치는 영향: 베트남 진출 한국 외식기업을 중심으로. 관광연구저널, 31(8), 207-221.
송경석. (2014). 디지털기술의 발달에 따른 금융부문의 공유경제 비즈니스모델 탐색. Journal of Information Technology Applications & Management, 21(4), 485-499.
송순영. (2015). 에어비앤비 (Airbnb) 사례를 통해 본 공유경제 관련 법 제정 현황 분석. 소비자정책동향, (64), 19-36.
송영웅. (2012a). 포콜라레 운동에서 이야기하는 '공유의 경제'(1). 사목정보, 5(7), 103-107.
송영웅. (2012b). 포콜라레 운동에서 이야기하는 '공유의 경제'(2). 사목정보, 5(8), 110-115.
송영웅. (2012c). 포콜라레 운동에서 이야기 하는 '공유의 경제'(3). 사목정보, 5(9), 115-119.
송운강, & 박용숙. (2018). 공유경제 (Sharing Economy) 의 규제방법 모색을 위한 시론적 연구. 강원법학, 55, 353-401.
신건호, 박규홍, 박용진, & 안재현. (2017). C2C 공유경제 서비스 참여자 간의 비대칭적 플랫폼 참여의도. Information Systems Review, 19(3), 47-67.

신규환, & 이예지. (2018). 공유경제 과세문제에 대한 연구: 숙박공유업을 중심으로. 조세와 법, 11(2), 31-69.
심관섭, & 양동우. (2019). 공유숙박 소비가치와 소비위험이 공유숙박 공급 참여의도에 미치는 영향. 한국창업학회지, 14, 182-209.
심수진. (2016). 공유경제 서비스 사용의 영향요인에 대한 실증 연구. 인터넷전자상거래연구, 16(4), 163-183.
심정훈. (2006). 유비쿼터스사회의 디지털문화와 과제. 서울: 한국전산원.
안희자. (2014). 에어비앤비(airbnb)의 성과와 정책적 시사점, KCTI 가치와 전망, 39, 1-12.
알렉산드리아 J. 래브넬 지음, 김고명 옮김(2020). 공유경제는 공유하지 않는다. 롤러코스터.
양석원. (2013). 공간이 가지는 공유의 경제. 건축, 57(11), 10-13.
양희동. (2014). 공유경제의 비즈니스 모델과 향후 전망. special Ⅱ, 8-11.
오은혜. (2018). 여가유형과 여가스포츠참여에 따른 사회적 연결감이 기업의 사회적 책임 활동에 대한 인식에 미치는 영향. 이화여자대학교 석사학위논문.
유광길. (2017). 생활체육대회 참가체험, 사회적 연결감, 지역사회 애착도 및 참가 후 행동의 구조관계. 한국체육과학회지, 26(5), 579-592.
유정호, 김민길, 김영직, & 조민효. (2016). 공공영역에서의 공유경제 정책집행에 관한 연구: 서울시 한지붕 세대공감사업을 중심으로. 한국행정연구, 25(2), 115-157.
유창주. (2015). 공유야 놀자! - 공유도시와 서울의 미래. 서울연구원.
윤아영, 김성민, & 구철모. (2017). 공유경제서비스의 이용경험과 사회적 상호작용의 조절효과: 자전거공유서비스를 중심으로. 정보시스템연구, 26(4), 87-106.
윤정환, & 이상준. (2017). 숙박공유서비스 이용의도에 영향을 미치는 요인에 관한 연구. 정보시스템연구, 26(3), 187-209.
윤지연, & 김승인. (2017). 공유경제를 위한 패션 공유플랫폼 활성화 방안 연구-패션 대여서비스 사례를 중심으로. 한국융합학회 논문지, 8(7), 199-205.
윤현석. (2017). 공유경제의 법적 과제. 원광법학, 33(4), 53-74.
이강배, 최형림, 홍순구, & 조민제. (2015). 중소기업 경쟁력 강화를 위한 기업 간 공유경제 모델 개발. Entrue Journal of Information Technology, 14(1), 93-105.
이경민, 배채윤, & 정남호. (2018). 4 차 산업혁명 시대의 공유경제 생태계 정책 제안: 우버 (Uber) 사례를 중심으로. 지식경영연구, 19(1), 175-202.
이나영. (2018). 커피전문점의 지속가능경영과 브랜드 충성도 관계에서 사회적 연결감의 매개효과. 한국식품조리과학회지, 34(5), 533-543.
이다혜. (2017). 공유경제 (sharing economy)의 노동법적 쟁점: 미국에서의 근로자성 판단 논의를 중심으로. 노동법연구, (42), 401-441.
이동형, 이정희, & 황성혁. (2015). 소매서비스만족도와 사회적 연결감이 점포충성도에 미치는 구조적 영향 분석: 소비자생활협동조합을 중심으로. 중소기업연구, 37(1), 77-99.
이민화, 김애선, 주강진, 김예지, 손문영, 오지영, & 최준규. (2018). 4 차 산업혁명 시대 공유 플랫폼 경제의 로드맵과 경기도 발전 방향.
이병준. (2018). 공유경제 법안에 대한 고찰. 소비자법연구, 4(2), 63-86.
이봉만, 김원택. (2014, May). 1 인 가구의 효율적인 자원 활용을 위한 공유경제 서비스. In KODDCO 2014 Conference, 115-116.
이상호. (2019). 공유경제와 복지: 벤클러 공유경제 모델의 함의를 중심으로. 경제학연구, 67(3), 189-214.
이선영. (2019). 한국 공유경제 개념정립에 관한 연구: 서울시 공유정책을 중심으로. 한국지방자치연구, 20(4), 25-46.
이성규. (2015). 우버 한국 진출에서 우버엑스 중단까지. 블로터. 2015년 3월 11일. <http://www.bloter.net/archives/222423>
이성엽. (2016). 공유경제 (Sharing economy) 에 대한 정부규제의 필

요성: 차량 및 숙박 공유를 중심으로. 행정법연구, 44, 19-41.
이승신. (2017). 소비자의 공유경제 서비스 이용태도 및 이용의도에 대한 연구. Family and Environment Research, 55(2), 105-124.
이영훈. (2008). 공유경제의 내재적 윤리. 한국동서경제연구, 19, 121-136.
이영희. (2014). 소비자 능력과 관계지향성에 따른 SNS (Social Network Service) 정보의 만족도와 활용도. 소비문화연구, 17(2), 103-129.
이예진, & 윤지환. (2017). 공유숙박 잠재적 이용자의 행동의도에 영향을 미치는 요인에 관한 탐색적 연구-확장된 목표지향적 행동모델을 적용. 관광학연구, 41(5), 109-127.
이용균. (2015). 신자유주의 개발의 상상력과 포스트개발: 공유경제를 중심으로. 한국지리학회지, 4(2), 293-306.
이용훈. (2009). 경제적 신자유주의에 대한 사회교리적 대안: 공유경제를 중심으로. 수원가톨릭대학교 박사학위논문.
이윤선. (2020). 공유경제서비스에 대한 소비자의 윤리적 자아정체성과 서비스효용이 서비스만족도와 추천의도에 미치는 영향. 디지털융복합연구, 18(1), 103-109.
이은진, & 석효정. (2017). SNS 이용자의 개인주의-집단주의 성향과 사회적 자본, 참여활동이패션브랜드 관계지향성에 미치는 영향. 한국의류산업학회지, 19(2), 194-206.
이인남, 이영우, & 신건철. (2017). 공유경제 서비스에 대한 채널 선택 속성요인이 소비자 구매의도에 미치는 영향. 상품학연구, 35, 65-75.
이정화, 김호영, & 강정석. (2017). 외로움이 SNS 중독 경향성에 미치는 영향: 성별에 따른 대인관계 지향성의 조절 효과. Korean Journal of Clinical Psychology, 36(2), 154-164.
이재헌, 최재원, & 김기연. (2015). 소셜 네트워크 기반 공유경제 서비스에 관한 밀레니얼스 소비자 세분화 연구: 사이코그래픽 관점에서. 인터넷정보학회논문지, 16(6), 109-121.
이정수, 전희성, 정명선. (2016). 공유경제 서비스 이용의도에 관한 실증연구: 가격민감성 · 신뢰성과 기술수용모형을 중심으로.

디지털융복합연구, 14(7), 57-72.
이종인. (2016). 공유경제 활성화를 이한 정책적 과제: 국내외 규제 동향 및 정책의 추진방향 중심으로. 여의도연구원.
이중기. (2017). 공유경제 기업의 자원 조직방식의 특징과 조직법적 의미. 홍익법학, 18(1), 423-452.
이중원, & 박철. (2016). 공유서비스 이용 후 만족에 영향을 미치는 요인: 신뢰와 효용가치를 중심으로. 국제 e-비즈니스 연구, 17(4), 71-88.
이지영, & 여정성. (2016). 협력적 소비에 대한 소비자 참여와 확대 방안. 소비자정책교육연구, 12(1), 95-118.
이지용. (2015). 미법원 "우버기사는 개인사업자 아닌 직원... 고용법 따라야". 매일경제. 2015년 3월 17일 <http://news.mk.co.kr/newsRead.php?no=253375&year=2015> .
이하나, 성부영, 황혜선. (2016). 대학생 소비자의 공유경제서비스 참여의도에 관한 탐색적 연구. 충북대학교 생활과학연구논총, 20, 169-181.
이한나, 김예지, 구철모, & 정남호. (2018). 공유경제가 갖는 국내 시장 영향력과 관광산업을 위한 정책적 시사점: 숙박 공유를 중심으로. 관광레저연구, 30(10), 95-112.
이항우. (2015). 자유/무료 노동의 화폐적 보상: 소액 결제 혹은 보편적 기본 소득. 경제와 사회, 107, 323-351.
이현진, & 박현정. (2019). 숙박 공유경제 서비스의 제공 및 사용 의도에 대한 영향 요인. 한국콘텐츠학회논문지, 19(5), 205-216.
이호영, & 서우석. (2010). 디지털 시대의 문화자본과 불평등. 문화정책논총, 23, 69-95.
이희정. (2018). 소비절제 라이프스타일이 상업적 공유 경제 시스템 수용에 미치는 영향: 공유 효용을 중심으로. 소비자학연구, 29(6), 27-48.
이창규. (2018). 제 4 차 산업혁명과 과세 문제－공유경제 (sharing economy) 의 과세 문제를 중심으로－. 세무와 회계연구, 7(1), 221-250.
이태원, & 김경환. (2019). 공유경제 서비스에 대한 문제점 및 발전

방향에 대한 탐색적 연구-중국의 자전거 공유서비스를 중심으로. Journal of China Studies, 22(2), 91-110.

임성택. (2016). 공유경제 숙박업의 SNS 정보가 고객 e-신뢰와 방문의도에 미치는 영향에 관한 연구. 호텔경영학연구, 25(5), 45-63.

임지은, & 유은아. 광고 모델의 긍정· 부정적 행동이 소비자 반응에 미치는 영향: 사회적 연결감과 자기 감시성을 중심으로. 한국광고홍보학보, 2016, 18(4): 206-238.

장규홍. (2012). 공감, 소통, 공유, 도서출판 행복에너지.

장은정, & 이은진. (2017). 아웃도어 여성소비자의 소비가치가 관계품질 및 장기관계지향성에 미치는 영향. 한국의류학회지, 41(1), 116-130.

전기제, 전찬수, 김나래, 신승호, & 문병량. (2015). 검도수련생 간의 SNS 상호작용성이 관계의 질 및 장기적 관계 지향성에 미치는 영향. 한국체육학회지-인문사회과학, 54(5), 491-502.

전수연, & 박철. (2013). 온라인 공유경제 플랫폼 참여에 영향을 미치는 요인. 한국 IT 서비스학회 학술대회 논문집, 109-113.

전우천. (2017). 공유경제에서의 프라이버시 이슈와 개선방안연구. 인터넷정보학회지, 18(2), 34-40.

전종근, 이태민, & 박철. (2016). 공유경제기반 장기렌터카 서비스에 대한 소비자 이용의도. 한국유통학회 학술대회 발표논문집, 40-42.

전종근, 이태민, 정수연, & 박철. (2017). 카셰어링 이용의도 결정요인에 관한 연구: 소비자혁신성의 조절효과. 마케팅관리연구, 22(2), 49-66.

전진용. (2015). 공유경제 기반 제품디자인 프로세스 향상을 위한 SWOT 분석. 디지털디자인학연구, 15(3), 889-897

정건섭, 조경복, 김성우. (2015). 공유경제 실현을 위한 카쉐어링 이용성과 요인 분석에 대한 연구. 한국비교정부학보, 19(3), 105-124.

정경희. (2018). 체육조직구성원의 사회적 책임활동, 사회적 연결감 및 지역사회애착도의 관계. 한국체육과학회지, 27(4), 609-621.

정계숙, 손환희, & 박희경. (2019). 유아교사의 관계지향성 및 일체감과 교육공동체 구현 행동 실천과의 관계: 공동체의식의 매개효과. 생태유아교육연구, 18(2), 199-218.

정보통신기술센터. (2014) 공유경제 동향 및 시사점 ICT report, 주간기술동향 2014년 10월 15일, 39-44.

정지훈. (2012). 공유경제, 작은 경제가 세상을 바꾼다. Digieco Issue & Trend.

정훈. (2015). O2O 거래의 개념 및 관련 논란의 이해, KB 지식 비타민, 15(3), 1-6.

제레미 리프킨. (2001). 소유의 종말. 이희재 역. 민음사.

제레미 리프킨. (2014). 한계비용 제로 사회. 안진환 역. 민음사.

조경복. (2015). 공유경제 실현과 지역경제 연계를 위한 협력적 거버넌스 구축: 지역 카쉐어링을 중심으로. 부경대학교 박사학위논문.

조대근. (2018). 공유경제 플랫폼 규제접근방법에 대한 연구. 인터넷정보학회논문지, 19(5), 133-145.

조용수. (2015). 오래된 미래 '공유경제' 개방성과 시장원리로 세상 바꾼다. LGERI 리포트.

조은주, & 서상혁. (2018). 공유경제 서비스의 이용의도에 영향을 미치는 요인에 관한 연구. 한국기술혁신학회 학술대회, 217-246.

조재환. (2015). 엘런 머스크 "사람 차 운전, 미래엔 불법". ZDnet Korea. 2015년 3월 18일 <http://www.zdnet.co.kr/news/news_view.asp?artice_id=20150318081019>.

조태룡. (2014). 프로스포츠구단 SNS 관계지향활동이 관계가치, 관계몰입 및 관계만족에 미치는 영향. 한국스포츠산업경영학회지, 19(2), 71-87.

주간금융브리프. (2014) 최근 아시아에서의 공유경제 확산과 시사점. 국제금융이슈, 23(33), 6-9.

주광진. (2015). 도시혁신을 바라보는 새로운 관점, 공유플랫폼 사례. 국토정보, 401, 84-88.

주덕. (2016). 지역의 공유 경제 활성화를 위한 사회적 자본 증진 방안: 공유숙박의 소비경험과 소비의사를 중심으로. 관광연구, 31, 23-40.
주현식. (2013). SNS 공동체의 관계지향활동이 관계가치, 몰입 및 애호도에 미치는 영향에 관한 연구-MICE 산업을 중심으로. MICE 관광연구, 34, 173-192.
차두원, & 진영현. (2015). 초연결시대, 공유경제와 사물인터넷의 미래. 한스미디어.
채인화, & 최승원. (2017). 대인관계 네트워크에서 연결정도와 노인의 신체적 건강 및 정신적 건강과의 관련성 연구. 한국노년학, 37, 329-347.
천천. (2019). 공유자전거 사례로 본 중국 공유경제의 문제. 성균차이나브리프, 7(1), 59-64.
천혜정, 김시월 , 이동일 , & 이지현 . (2014). 공유가치창출을 위한 기업의 역할 변화와 소비자 참여. 소비자학연구, 25(3), 1-19.
최경숙, & 박명숙. (2018). 공유경제를 위한 협력적 소비 제공 의도와 이용 의도에 따른 소비자 유형 분류와 예측 요인. 소비자문제연구, 49(3), 61-86.
최승원, & 하민정. (2018). 공유경제를 통한 지역경제 및 지역복지 활성화. 사회복지법제연구, 9, 229-257.
최열. (2013). 공유경제에서 시작한 하우징 셰어링. 도시문제, 48(540), 22-26.
최영, 강형미, & 김지현. (2018). SNS 이용 및 이용자 특성이 외로움에 미치는 영향: 소셜 스낵으로서의 SNS. 커뮤니케이션학 연구, 26(1), 155-184.
최영, & 이정권. (2013). 디지털 문화 자본이 공유 경제에 대한 인식에 미치는 영향에 관한 연구. 커뮤니케이션학 연구, 21(1), 89-110.
최영. (2013b). 공유와 협력, 소셜 미디어 네트워크 패러다임. CommunicationBooks.
최유성, & 안혁근. (2018). 공유경제 유형에 따른 규제개혁 대응전략. 기본연구과제, 2018, 2891-3150.

최정희. (2019). 호주의 공유경제활동에 대한 과세제도.

최진우. (2014). 공유경제의 등장과 규제 이슈. 한국정보법학회 발제문, 1-8.

최현수, & 오미애. (2017). 4 차 산업혁명 및 지능정보사회의 사회적 위험과 복지 패러다임 전환 필요성. 보건· 복지 Issue & Focus, 333, 1-8.

추상호. (2012). 공유경제시대의 카셰어링 활성화 방안. 카셰어링포럼, 카셰어링포럼 창립총회 및 기념세미나 발표자료.

클라우드산업연구소. (2013). 새로운 대한민국을 꿈꾸는 기업들을 통해 살펴본 공유경제. 좋은땅.

하대청. (2018). 루프 속의 프레카리아트: 인공지능 속 인간 노동과 기술정치. 경제와사회, 277-305.

황기연, & 전효정. (2014). 교통부문에서 공유경제의 실험. 교통연구, 21(1), 35-49.

황순재, 이은영, & 이돈일. (2018). 공공건축의 공간 공유가치를 통한 주민복지 향상에 관한 연구. 한국공간디자인학회 논문집, 51, 251-261.

황영모, 이인우, 오윤덕, & 신동훈. (2015). 전라북도 공유경제 도입방안. 전북연구원.

황영모. (2012). 협동조합을 통한 사회적 경제의 준비와 실천. 이슈브리핑, 74, 1-15.

황영모. (2014). 사회적 경제 기본법 논의동향과 지역사회의 대응방향. 이슈브리핑, 130, 1-19.

황정훈. (2019). 스마트도시법에 기초한 스마트 공유도시 복지공동체 구축에 관한 담론. 법학연구, 19(4), 141-162.

후반반, & 고영준. (2019). 중국 자유관광객을 위한 공유경제기반 서비스시나리오 제안. Journal of Integrated Design Research, 18(1), 145-160.

Baldwin, M. W. (1994). Primed relational schemas as a source of self-evaluative reactions. Journal of Social and Clinical Psychology, 13(4), 380-403.

Benkler, Y. (2004). Sharing nicely: On shareable goods and the emergence of sharing as a modality of economic production. Yale Law Journal, 273-358.

Borden, D. L., & Harvey, K. (Eds.). (1998). The electronic grapevine: Rumor, reputation and reporting in the new on-line environment. London: Lawrence Erlbaum Associates.

Botsman, R.(2013). The sharing economy lacks a sharing definition. Co.Exist, 1.21.2013. http://www.fastcoexist.com/3022028/the-sharing-economy-lacks-a-shared-definition>

Botsman, R.(2015). Defining the sharing economy: What is collaborative consumption - And what isn't?" Co.Exist, 05.27.2015. <http://www.fastcoexist.com/3046119/defining-the-sharing-economy-what-is -collaborative-consumption-and-what-isnt>

Botsman, R., & Rogers, R. (2010). Beyond zipcar: Collaborative consumption. Harvard Business Review, 88(10), 30.

Bruni, L. (2002). Toward an Economic Rationality "Capable of Communion.". The Economy of Communion: Toward a Multi-Dimensional Economic Culture. The Economy of Communion. New City Press.

Cornwell, B. (2007). Physical function and social action: Implications for social connectedness. The University of Chicago.

Gansky, L. (2010). The mesh: Why the future of business is sharing. Penguin.

Hamari, J., Sjöklint, M., & Ukkonen, A. (2015). The sharing economy: Why people participate in collaborative consumption. Journal of the Association for Information Science and Technology.

Koopman, C., Mitchell, M. D., & Thierer, A. D. (2015). The sharing economy and consumer protection regulation: The case for policy change. The Journal of Business, Entrepreneurship & the Law, 8(2).

Lee, S. (2001). Social connectedness and self-evaluation motives among women (Doctoral dissertation, University of Texas at Austin).

Pelligra, V. (2011). Empathy, guilt-aversion, and patterns of reciprocity. Journal of Neuroscience, Psychology, and Economics, 4(3), 161.

Prensky, M. (2001). Digital natives, digital immigrants. On the horizon, 9(5).

Prensky, M. (2004). The emerging online life of the digital native. Retrieved August, 7, 2008.

Schor, J. (2014). Debating the sharing economy. Great transition initiative.

Sundararajan, A. (2013). From Zipcar to the sharing economy. Harvard Business Review, 1.

〈부록〉 조사대상자의 일반적 특성

전체 419(100.0)

변수	구분	N(%)	변수	구분	N(%)
성별	남	193(46.1)	부학력	고졸 이하	188(44.9)
	여	226(53.9)		전문대졸	47(11.2)
연령	20세 이하	102(24.3)		대졸 이상	184(43.9)
	21세	83(19.8)	모학력	고졸 이하	249(59.4)
	22세	74(17.7)		전문대졸	61(14.6)
	23세 이상	160(38.2)		대졸 이상	109(26.0)
	평균(SD)	22.0(2.0)세	부직업	전문/사무직	157(37.5)
종교	무교	250(59.7)		서비스/판매직	73(17.4)
	기독교	78(18.6)		기능/단순노무직	181(43.2)
	불교	53(12.6)		무직	8(1.9)
	천주교	38(9.1)	모직업	전문/사무직	65(15.5)
월 평균 용돈	30만원 미만	72(17.2)		서비스/판매직	104(24.8)
	30-35만원 미만	123(29.4)		기능/단순노무직	53(12.6)
	35-40만원 미만	42(10.0)		전업주부	197(47.0)
	40-45만원 미만	105(25.1)	월 평균 가계 소득	300만원 미만	49(11.7)
	45만원 이상	77(18.4)		300-400만원 미만	91(21.7)
	평균(SD)	35.1(12.2)만원		400-500만원 미만	80(19.1)
일일평균 인터넷 사용시간		162.6(128.4)분		500-600만원 미만	78(18.6)
일주평균 SNS 사용시간		298.8(412.2)분		600만원 이상	121(28.9)